The Wisdom of Anxiety

焦慮是禮物

24個練習，學習自我治癒技巧，擁抱真實的自己

Sheryl Paul
雪瑞兒・保羅——著　林幼嵐——譯

獻給我的家人——戴夫、埃弗瑞斯、艾席爾這三個美好又感性的靈魂，為我人生中的每一天，帶來無限的愛、友善、意義和喜悅。

根據榮格的觀察，現代生活中大部分的精神官能症、片段感，以及意義的空泛感，都是源自將自我心智從無意識中孤立。如果我們試圖像大多數人一樣，忽略內在世界，無意識將會透過病理症狀走進我們的生活中，像是身心失調症、強迫症、憂鬱和恐懼。

——羅伯特．強森（Robert Johnson）

《內在的功課：利用夢境及積極想像來自我成長》

（*Inner Work: Using Dreams and Active Imagination for Personal Growth*）

目錄

PART ONE

焦慮與它的訊息

焦慮的定義，以及轉向內在的召喚

CH2

產生焦慮的兩種文化訊息：「正常的迷思」與「對快樂的期待」

CH3

通往療癒的阻礙

CH4

轉化

CH5

月份與季節

CH6

活在當下的脆弱

PART TWO

自身的四個領域 療癒焦慮，從根本做起

你餐桌上的主位

身體的領域

思考的領域

感覺的領域

PART THREE

關係

CH14 關係的脆弱

CH15 戀愛關係

CH16 在焦慮年代中教養下一代

〔前言〕

焦慮是一條光明之路

卡爾・榮格（Carl Jung）曾說，倘若你發現了一道個體或群體的心靈創傷，你也將在同一處發現他們通往意識的道路。我們就是在療癒心靈創傷時，才能逐漸了解自己……。在意識的演化中，我們最大的問題，一直都是我們最好的機會。

——羅伯特・強森《我們：了解浪漫愛情的心理學》（*We: Understanding the Psychology of Romantic Love*）

焦慮是我們這個時代的傷口。根據世界衛生組織，全球有兩億六千萬人被診斷出患有焦慮症——這還不包括幾百萬沒有確診的人；這些數字說明我們活在一個焦慮的年代裡。這道深層的心理創傷，跨越人類用以將自己分門別類的所有典型界線，不管你幾歲、住哪、外貌如何、賺多少錢、性取向或性別為何，焦慮就和失落感一樣，在這些感覺之前，人人平等；到頭來，每個人都會在暗夜中遇上焦慮。

雖然創傷的本質很清楚，但從主流觀點來看，比較模糊的是處理的方式。西方觀點尋求消除一切形式的痛苦，在其主導之下，無論是身體、情緒、精神及心靈上的痛苦，大多數人都將焦慮和其產生的症狀視為需要隱藏、否認、逃避，或是根除的事物。但我們沒搞懂的，是當我們只把焦慮當作問題，而去尋求消除焦慮的症狀時，它只是被壓抑在深處，被迫以更高的強度從深處反彈；此時，我們也將錯失焦慮要求我們同時發展個人與文化意識的大好機會。

焦慮是傷痕，也是信使；訊息的核心是鼓勵個人的覺醒。為了解讀訊息的細節，我們必須調整自慚形穢的心態，使其轉變為好奇心；不再將焦慮視為破碎的證據，反而承認它是我們細膩的心、富創造力的思考以及心靈，渴望朝圓滿成長的跡象。倘若我們以學習的心態接近焦慮，它會指引你到內心深處需要被看見的那個點，它是來自心靈、要我們留意的召喚，也是存在之泉對我們的邀請，讓我們在成長的下個階段，轉向內心並進行療癒。

降低對焦慮心懷慚愧的其中一項要素，在於知道你並不孤獨；常態化能夠降低羞愧感。我從世界各地的讀者聽到的，是相同的症狀和想法：「如果我跟錯的人結婚怎麼辦？」「要是得了不治之症呢？」「如果一貧如洗了？」「如果我愛的人遭逢什麼不幸了？」「要是我傷害了我的孩子又該怎麼辦？」這些都是線索，指出焦慮是我們現在這個時代的傷痕，而我們都在集體潛意識（collective unconscious）的領域中。榮格發明了「集體潛意識」這個詞，來描述全人類的心靈共通的部分；而這些浮現自共同心靈的想法，直指焦慮匯集的典型主題與情節：感情、健康、金錢、養育子女，以及對受到保護的安全感需求。多年來，我的患者們都私底下分享這些想法；但因為我每週都會寫在部落格上，他們才知道自己並不是唯一這樣的人。網路的好處之一，在於它讓之前只能藉由夢境與神話接觸的集體潛意識內容，現在變得廣為傳布，更易理解。無論你的焦慮如何呈現，你都絕對不是孤立無援。

焦慮的使者可能有很多種形態：憂慮、侵入性思維（intrusive thoughts）、執念、強迫行為、失眠，或者是身體出狀況。若我們心懷懊惱地面對它們，並試著將其隔離於內心深處的隱密角落，它們將會越積越多、越來越強大，直到我們不得不聽取它們的聲音。在它們吶喊著尋求注意時，主導的卻是受我們的文化影響、語帶羞愧的聲音，告訴你：「你已經毀了，你錯得離譜。這些想法和症狀，就表示你內心有很嚴重的病態問題。別說出口，也不要承認。你得盡快想辦法擺脫，越徹底越好。」

將焦慮及侵入性思維視為潛意識智慧的展現，是一種對焦慮很不同的看法；這和我們文化所堅信的南轅北轍，但卻有幫助得多，更能讓人生改觀。我在過去二十年來，和心靈深處的緊密合作下所見證到的是，當我們轉而面對自身的症狀，而不是治療或將它們當成疾病時，就會開始有所收穫。焦慮是一條通往自己的道路，而那個自己所渴望的是圓滿。如果我們看重這些徵兆，它們將為我們引路。若你可以滿懷好奇、抱持著悲的心，踏上你最黑暗、最不安的地方，你將會改變，而你的人生會以無法形容的方式拓展。我已經在我的患者、課程學員、朋友、孩子和我自己身上見識了無數次，對你而言也可能如此。

巴西：我與焦慮的初遇

我的生命中有幾個關鍵事件，邀請我和自己的心靈同步；有幾次我的內在自己抓住我的腳踝，把我拖往更深層的世界。在我二十一歲，大學畢業的前幾個月，我的撕裂恐慌突然發作，是我最初也是最強大的體驗。多年來，我專注於一個只要我學業優良而有所報償的教育系統中，因而得以打造用優越感建成的玻璃城堡，並堅信我能超脫苦難的堅定想法。然而，那次的恐慌發作，和接下來被日常焦慮吞噬的那幾年，擊碎了我對自己「完美人生」的幻想，也摧毀了我已經找到正確答案，甚至是任何答案的信念。總之，它用盡所有方法讓我屈服，從心悸、在第一次恐慌發作後隨之而來的駕駛恐懼症，以及好幾年來不時打斷我睡眠的驚醒與惡夢。然而，從我的經驗所遺留的痕跡、痛苦與徹底毀滅中，一種新生活與生命的課題誕生了。這就是我們的潛意識如何透過焦慮與其症狀，促使我們邁向圓滿——我們並不是為了受折磨，也不是因為我們有問題或哪裡失常，才會被撕裂、屈服以及拖往更深層的世界；而是出於那裡存在著健全而美麗的事物，它們渴望被看見、渴望被了解。

我恐慌發作的種子是在前一年種下的，和我大學三年級的巴西之旅有密切的關係。原本我從沒打算去巴西，整個高中到大學都在說西班牙語，也一直計畫要到西班牙旅行。但我當時突然對巴西產生興趣：在大一升大二的暑假，我上了巴西舞蹈的課，因而被其舞蹈和文化深深吸引。我接著跳了一整年的舞，讓自己沉浸在巴西音樂裡。我衝動地變更計畫，開始了一段即將改變我人生路程的經驗。

一九九〇年一月，我沒搭上去西班牙的飛機，卻前往了巴西薩爾瓦多；在那裡，我立刻就受到了重擊，因為我在腦海裡打造出來的幻想，和我遭遇的現實是嚴重衝突的。就在那一刻，我從安全、井然有序的中產階級日常，被猛拽到一個不管從哪個層面來說，我一點也不熟悉的生活之中。我住在貧民窟，蝸牛般大小的蟑螂在地板和天花板上列隊，數量多到白色的牆面看起來像黑色；我親眼目擊一個男人在嘉年華會被槍殺，每天走在街上，都會碰到幾灘新的血跡；我幾乎快被突如其來的激流淹沒；也找不到任何比瓜拉納汽水（Guaraná，基本上就是糖水）健康的飲料可以喝。那幾個月，我吃著從路邊小販買來的食物，以為是碎花生蛋糕；直到旅程快結束，才知道原來那些是在烈日下晒了一整天的蝦餅。我全身上下從生理到精神系統，都處於高度警戒的超載狀態。

這四個月讓我嚇壞了，也成了我實質上精神崩潰的開端，引導我跟隨焦慮和恐慌的蛛絲馬跡，深入真正的自己。有些人透過森林深處的古老儀式被啟發，也有些人是出自健康、關係或信仰危機。而我的起點，就是巴西。當我現在回顧，就能清楚看見，我是被隱形的力量牽引到巴西的：舞蹈，音樂──某種無法言喻的東西把我帶到那裡。這樣的衝動一點都不符合我的個性，但那時什麼都阻止不了我；我非去不可。我必須被撕裂。我所熟知的生命故事（也就是以某種程度上來說，我是超脫苦難的）必須粉碎。如此一來，存在於容光煥發的人格面具內，那未知世界的隱藏痛苦，才能浮現出來，並受到療癒。

我們都曾有被撕裂到核心的經驗。我們文化的致命缺點之一，就在於我們以表面價值，來衡量每一件事情；我們看不見其中的隱喻，但它卻相當於療癒的關鍵。一個深信自己有癌症的患者來找我，儘管他在前一個星期拿到的健康檢查報告完全沒有問題，但他的自我看似非常有說服力，我們需要時間，才能平息自我的說法，直到足以去探索那渴望被發現的深層根源。要是我們在處理焦慮時，繼續執著在其說法的層面上（通常看起來像在尋求無止盡的確認、再確認），我們就會持續被困在焦慮裡。但如果我們能剖析這個說法，發現對癌症的恐懼可能指向某個需求，例如發展出面對不確定性的容忍度，並探索這個「某事物正在啃噬一個人的心或靈魂」的隱喻時，轉變就會開始。

在我的故事裡，問題並不在巴西。事實上，我花了好幾年才了解，巴西只是一面螢幕。上面投射出來的，是我自己沒有處理的那一道陰影，也就是在我一開始這二十年的人生中，為了繼續向前走，而必須受到壓抑的痛苦、害怕和精神創傷。因為巴西帶有我的陰影，我因此無法欣賞它的美；我只看見自己身處在這樣的環境中，內心所反映出的恐懼和絕望。一直到我在洛杉磯，沿著四〇五號公路駕駛時恐慌症發作，陰影才浮現到表面，我才終於能面對它、處理它，並且得到療癒。

接下來，在我二十幾歲的那幾年，對我來說既是痛苦，卻又是個轉捩點。在二十出頭時，我去修了深層心理學的研究所課程，這讓我得以透過榮格的理論，開始理解我的焦慮，理解症狀是來自潛意識的訊息，要我們發展出自己的完整性。到了我二十四、五歲，陸續受了幾個不怎麼樣的治療師診療後，我接受到一位傑出醫師的心理治療，他引導我穿越焦慮的地帶，協助我在自己內心的風景導航。

我貪婪地閱讀關於轉化的書，也完成了我的第一本作品《新娘的自覺》（*The Conscious Bride*），探討結婚這個邁向人生新階段儀式的黑暗面。我開始協助在自己的轉化過程中，特別是在感情方面掙扎的患者，並幫助他們了解在他們所呈現出來的故事深處，那些潛藏的暗示和隱喻。

倘若不是巴西，這一切都不會發生。我有好幾年的時間對那次經驗滿懷懊悔，直到我終於明白，巴西是我的心靈用來強迫我成長的方式。這不是偶然；你的人生，以及你的焦慮、傷痕、失敗或創傷，也都不是偶然。事實上，偉大的哲人告訴我們，療癒的種子存在於每個創傷的核心。這代表它是你最嚴峻的挑戰，也會是你最強大的力量。當我回顧在巴西的日子，就知道那次的經驗，是我的內在世界要求被理解的方式。焦慮和恐慌引導著我，讓我剝除一層層的痛苦；我那被扭曲的人格面具，也需要擺脫。藉此，我才能活得更接近真實的自己。焦慮也會是你的光明之路。

走出焦慮的地圖

本書將一步步引導你藉助必要的想法與工具，來轉變你與焦慮的關係；如此一來，你就能從它的掌控中解脫，並學習解讀其訊息。

在第一部分，我將清楚定義焦慮及其症狀，並說明來源和原因。我會探討三個基礎要素，讓所有敏感的心靈能安然在人生中航行——然而，根據我多年來協助過的數千名患者，我了解到雖然程度或有不同，但大家都有敏感的心靈：一是我想讓你們了解你是誰、有什麼與生俱來的特質？二是了解轉化這個突破與重新開始的起點有多重要？它可能更強化、也可能療癒層層的焦慮。三是提供能將焦慮從負擔轉變為禮物的根本關鍵：好奇心、慈悲心、靜止和個人的責任感。我也將討論在我們出發向療癒前行時，隨時可能現形的最具挑戰性的阻礙——抗拒（resistance）。

在第二部分，我將引導你走進自己的四個領域——身體、思考、情緒和心靈，讓你學習解讀深藏在每個領域中的訊息。我採用全觀的方式，意味著當大部分治療焦慮的方式都著重於生理（身體治療）、情緒或心理（可能是某些形式的傾談治療，talk therapy），又或是認知觀點（行為治療，behavioral therapy 和大部分的傾談治療）時，我的處理方式是囊括這三個部分，再加上第四個觀點：我們的心靈。因為我不認為焦慮是需要擺脫的，而是將它視為療癒的需求。第二部分將帶你了解焦慮是一個訊息，指向存在於我們這四個領域中未滿足的需求，以及還沒有接受療癒的地方。

在第三部分，我將探索焦慮如何出現在你與朋友、伴侶，以及孩子之間的親密關係之中。因為我們的文化傳遞錯誤的訊息，認為恐懼和愛水火不容，也不了解所有形式的愛那些自相矛盾的本質；因此，當焦慮出現在人際關係中時，我們很容易就會相信有什麼事情不對勁。第三部分將推翻這個想法，並用一個模式來取代。這個模式支持健全的愛，以及對子女謹慎的養育，藉此，我們就能阻止羞愧和焦慮來破壞我們最神聖、意義最重大的關係基礎。

在每個部分中，我將分享患者的經驗，以及我自己人生中的這些時刻；它們強調的，是如何潛入焦慮的表面，並觸碰到它帶給我們的智慧泉源。這些故事將以迴旋而不是線性的方式闡述。也就是說，在轉化的章節中，我將討論如何呵護悲傷（tending to grief）；在探討悲傷的章節中，也會提及轉化。無論我們的文化教了什麼，學習都不是線性的，而是跟隨著心靈那環狀螺旋的節奏。本書雖然依章節的形式編排，也仍然追隨著心靈的步調。

書中隨處可見能夠當下進行或更深入的練習，來療癒焦慮。當下的練習無論何時何地，是立刻可行的，即使在會議中、電梯裡、飛機上、派對中或夜晚躺在床上時。它們無法從根源療癒焦慮，但可以幫助你度過強烈焦慮的時刻，一般來說，也能幫你把焦慮的等級調降幾階，讓你能專注於更深層的練習。

深入練習則從根本開始療癒焦慮，並協助你解讀其訊息。我鼓勵你每天都進行這些練習，時間最好是早上剛起床（而且還沒拿起手機時）或在睡前。若你繼續往下讀，你會收集到許多關於本身焦慮的來源訊息，這些訊息很可能轉變成個人見解。當這些靈光乍現的時刻出現時，把它們記下來，寫在本書空白處或日記裡。接著將這些見解當成跳板，經常用它們來進行深入練習。洞悉理解是最基本的，但將見解內化並且造成改變的，是實際的行動。公式很簡單：理解加上行動，就等於改變。倘若你想要掙脫焦慮，關鍵在於練習。

儘管所有的工具都是為了個人的自我練習而設計的，但在旁人見證，且接受經驗豐富的專業人士指導之下，我們的內在功課（inner work）會有效率得多。就此而言，若你目前沒有接受治療，我建議找一位能在這段旅途中，陪伴你修行的心理治療師。從古至今，人類一直在向心靈導師、僧人、神祇或教師尋求建議，而對許多現代人來說，治療師正扮演著這個角色。我們從來就不該獨自摸索出生命的樣貌。

別猶豫把本書和你的治療師分享，即使他們會有自己的治療模式和思考方式，但優秀的治療師對於學習新的哲學和工具，總是抱持著開放的態度；這可能幫得上他們的病患，甚至可能幫助他們自己成長與療癒。

這段旅程中的關鍵詞

為了要解讀焦慮的訊息，幫助了解焦慮賴以傳達的最基本媒介。因此，我將在這裡定義會在書中反覆出現的名詞。

心靈（Soul）

這是引導我們的原則。榮格派的學者認為心靈屬於自性（Self，字首的 S 必為大寫），也是潛意識的另一個說法。我們透過夢境與徵兆，和這方面的自己有最緊密的連結。當這個內在嚮導，試圖讓我們和自己的核心本質再度和諧一致的時候，所呈現出的徵兆，包括焦慮、反覆思考、擔心、侵入性思維與失眠，都是我們即將在書中討論的。本書所提到的心靈（psyche）也是同樣的概念。實際上，在希臘神話裡，賽姬（Psyche）就是掌管心靈的神。

精神（Spirit）

精神是存在於我們自身之內，同時也凌駕於我們之上的那相互連結的能量或泉源。我們最常藉由創造、想像、自然、冥想、藝術、動物和祈禱，接觸到精神的能量；當嬰兒出生時、婚禮上、站在巨杉下，或是佇立在海岸邊時，我們都感受得到。有些人在宗教情境下和精神相連結，但很多人和這驅動生命的原則建立連結的方式，卻和組織化的宗教完全無關。喬瑟夫・坎伯[1]將其描述為「在你自身及萬物之中，源源不絕的生命能量」。在精神最簡單的定義裡，它與愛是可以互相取代的。

自我（Ego）

「自我」在拉丁文裡，指的單純就只是「我」這個字。它是我們有意識、也察覺得到的那部分的自己。羅伯特・強森在《內在的功課》中寫道：

> 當我們說出「我」這個字時，指的只是我們意識得到的一小部分的自己而已。我們以為「我」涵蓋的只有這個人格，這些特質，這些價值觀和看法。它們是最表面的層次，位於自我的視野範圍內，也能被我們的意識察覺。對於「我」是誰這個問題，上述是我充滿偏限且極度不精確的說法。

自我是我們有意識的自己，在我們的心理結構中，扮演一個必須且健全的角色；但它也包含我們性格中根基於恐懼的那一面。自我包含了我們意識的幾個面向，包括思考、感覺、反省、計畫和執行的能力，也對我們熟知（指意識覺察，conscious awareness）的世界感到安心舒適；也因此，它抗拒著潛意識的未知國度。當我們認為自己只是有意識的自我時，就會和導引我們人生的原則（潛意識與心靈）失去聯繫。

抗拒（Resistance）

自我有許多組成分子，是我們因為害怕改變而恐懼成長的一面，抗拒也是其中之一。它緊抓著現況不放，常以懶散、停滯、麻木或恐懼的型態呈現。為了獲得焦慮帶來的禮物，並往更深層的意識成長，我們必須主動處理抗拒的心態，避免讓它取得主控權。自我的矛盾在於它在抗拒成長的同時，又渴望能維持和心靈的連結。作為人類，有某部分的緊張感，就是來自這種矛盾的關係。

個體化（Individuation）

根據羅伯特·強森在《內在的功課》中的說明，「個體化是榮格用來指稱我們作為人類，

1 譯注：喬瑟夫·坎伯（Joseph Campbell，1904-1987）為當代美國神話學家，重心研究領域為比較神話學與比較宗教學，其學說深受榮格神話觀的影響。

天生就該朝人類的完整性發展，這是我們必經的終生歷程。個體化是我們完整自己的覺醒。」個體化的過程包括拋棄我們一路成長時，被我們內化的性格；這些性格順應環境而生，但和真實的自己並不一致。

舉例而言，若一個小孩長大後為了取悅父母而成為醫生，但她內心深處的熱情其實在於動物溝通；那麼當她因焦慮而崩潰或在歷經轉化時，就已經被要求至少擺脫外面那層取悅父母的需求了；這將讓她更接近真實的自己。我們每次有意識地度過轉化時，都是一次機會，要我們剝除一層受約束的心態、習慣、信念，以及世代間的模式；稍後我們會在書中讀到，它們已經無法為我們帶來益處。不管在轉化的過程中或在生命中的其他時間點，焦慮及其引發的感覺，就是在個體化的旅程中，為我們標示方向的箭頭。

焦慮是連接自我和心靈、意識和潛意識之間的橋樑。倘若我們學會利用焦慮的智慧，那麼深藏在潛意識中的豐富性與訊息，將得以影響並拓展我們在意識層面的生命。

成長的召喚

親愛的讀者，焦慮希望你擁入懷中的這份禮物，就是「你原本的自己」。也許有人說你太敏感、太引人注目、太有條有理，在那時還年輕的你心中，這些訊息轉換成你在某些方面不太對勁或失常。但你必須開始知道；希望你在閱讀本書時將會了解，你絕對沒有問題，不是你不正常。你沒有太過頭；你沒有錯。事實上，就是這些特質讓你一直覺得羞恥，才導致你現在需要像受傷的動物一樣蜷曲起來，緊緊環抱你的心。當你開始不再將敏感視為一種負擔，反而認為這是種天賦的時候，就能開始療癒內心的傷痕，並且讓你完全活在當下的世界中。

你所學到的習慣性自我保護，是盡可能忽略焦慮，並以最嚴苛的眼光評判它。你被剝奪了教你如何轉向不自在感的方法，又受到外在導向文化的刺激（在這個世界裡，自我價值和外在因素息息相關，像是外表、職業、財富資產和成就），你已經養成根深蒂固的習慣，向外在追尋能讓你從痛苦分心或麻木的任何事物。你可能會對外在事物上癮，例如數位裝置、購物癖、藥物，或是忙著Google、Facebook、工作、升遷、一路往上爬等等；再不然內心存在許多攪擾，例如憂慮或侵入性思維。你不顧一切想避免「根本無所適從的存在」，也就是佩瑪．丘卓[2]指出的人類感到失控的最基本的一面，因為它很清楚我們的存在，會由於持續的改變和失去

2 譯注：佩瑪．丘卓（Pema Chödrön，1936-），美國人，於一九八一年成為首位美籍藏傳金剛乘（Vajrayana）受具足戒之比丘尼，已出版數十本書籍及有聲書作品，近十本作品已有繁體中文譯本，由心靈工坊出版。

而受影響。這種無所適從的感覺，是你為了時間流逝而感受到的悲傷，因為你知道生命無常；是對一些重要感覺的畏懼，因為沒有人教你如何憐憫地關照這些感覺；也是時常伴隨焦慮而來的那些無以名狀的恐懼、悲傷與擔憂。答案就在「別處」，是我們受文化拘束、反覆灌輸給我們的想法；因此，你自然會設法觸及外在世界，來驅散內在世界的不自在感。

然而，若你找回勇氣轉向內在，開始對那些組成內心世界的迷宮與洞穴感到好奇的話，一切就會改變。你會發現焦慮可能影響你的生活，但生活不一定會受限於焦慮。焦慮不是你的命運，而是平靜。你不是天生就受限，而是注定要擁抱偉大。你並不是非得覺得失落、空虛和孤單，而是感覺意義重大，與世間萬物相連結。你不一定受制於對自己的挑戰，但一定會藉助它們成長，成為一個更平衡的自己；你的弱點將變成你的長處，你最掙扎的地方，將成為你最棒的禮物。

一個宇宙般浩瀚的圖書館就在你心裡，等待你在昏暗微光中，找個安靜的角落坐下；這麼一來，你才能發掘它的內容。你是不是準備好踏進圖書館，捨棄你已經內化的許多想法，並學習一些生活與感情的基本原則——即便它們將徹底顛覆你對自身和這個世界的理解？你是否已經準備好穿過這四個領域的通道，並且留心存在於每個領域內的訊息？若你已有所準備，請把手交給我，該是出發的時候了。

焦慮與它的訊息

一個飽受驚懼的個體最希望的，是重新恢復那種自我意識曾經有用武之地的感覺。而以治療師的理解，症狀是很有幫助的線索，能找出被傷害或忽視的地方，為接下來的療癒指引方向……。榮格主張「精神官能症發作不只是巧合而已，它往往是最關鍵的。通常在此刻，我們會需要重新調整心態或重新適應。」這暗示著我們的心靈安排了這次危機，且製造這樣的痛苦；這正是因為傷害已經造成，改變必須發生。

——詹姆斯．霍利斯（James Hollis）
《中年過渡：從愁雲慘霧到充滿意義的中年》
（*The Middle Passage: From Misery to Meaning in Midlife*）

焦慮的定義，以及轉向內在的召喚

榮格觀察到澳洲原住民會利用他們三分之二的清醒時間，來進行某種形式的內在功課……。但我們現代人，在一整個星期的時間中，卻幾乎很難找到空閒的幾個小時，來專注於內在世界。

——羅伯特・強森《內在的功課》

有個六十歲的男性每天凌晨三點都突然驚醒，憂心著他的財務未來，即使他財務狀況無虞。一個七歲的小女孩怕父母死去；二十五歲的女性反覆思考她是不是不夠愛男友——雖然他已經是她夢寐以求的對象。這些人都為焦慮所苦。

即使大多數人都知道焦慮的感覺，卻很難描述它到底是什麼。比起一段無以名狀的經驗，我們能夠說明與辨認的事物攻擊性較低；因此，能夠定義焦慮，已經是我們得以容納，並撫慰焦慮的其中一個方法。這是我對焦慮的定義：

焦慮是一種對於當下並不存在的危險，所感受到的恐懼、不安或不祥預感。我們也能將其定義為一種缺乏確切來源、普遍且廣泛的臆病感。焦慮雖然常以生理症狀為人所知，但它卻是一個思想掛帥的地方，讓其囚徒陷入建立於恐懼之上又徒勞無功的思考困境。焦慮讓你處於高度警戒狀態，存在其核心的，是你有問題、你永遠都有問題的想法，以及你在生理、情緒和精神上都不安全的信念。焦慮和信任是互斥的。

焦慮，是對我們現代生活籠統的診斷。我認識的那些被主流醫療和心理治療系統分類過的人，幾乎每一位都被診斷出有廣泛性焦慮症。並不是說主流的醫師和心理治療師是錯的：的確有很多人飽受焦慮之苦，而我分享的定義，也和羅列在《精神疾病診斷與統計手冊》（*The Diagnostic and Statistical Manual of Mental Disorders*，在心理學相關文章中簡稱為ＤＳＭ）中，診斷出焦慮症患者的官方準則非常接近。雖然我認同心理學所定義的焦慮症大部分的組成要素，但我理解和處理焦慮的方式與之不同。如同先前敘述的，我從不認為焦慮是一種「疾病」；因為若我們將焦慮視為疾病，就會為自己貼上「有問題」的標籤，並因此辨認不出這是個徹底覺醒的時機，無法以重視的心態，來喚醒步步逼近的焦慮。倘若我們將焦慮視為某些事情「有問題」的跡象，就會錯過掩蓋在症狀之下的智慧、隱喻，以及成長的機會。

了解焦慮在整個個人歷程中的正功能，能推動我們思維模式的必要轉變，我們的心態會從想要擺脫焦慮，轉變為對其感到好奇。焦慮向來扮演著使者的角色，但它傳遞的訊息已隨時間今非昔比，也因人而異。舉例而言，保持高度警戒對人類而言，曾經非常受用，因為走入森林時，可能就在下個拐彎處遇上老虎。在一個社群裡，就是這種已經熟悉細節和微妙差異的敏銳個體，才能指出眼前的真實危險：草叢輕微的晃動、溫度的改變或幾乎無法察覺的聲音。傾聽並尊重焦慮所溝通的訊息，是一件攸關生死的事。

現今的問題在於下個拐彎處沒有真正的老虎，現代人因此將他們的焦慮依附在幾乎任何一個來源上，然後稱之為直覺；彷彿面對危險而逐步形成的高度警戒心的那一部分心理——也就是迎擊或逃避反應（fight-or-flight response），不曉得該拿自己怎麼辦。因為它的主要任務已經解除，所以會突然轉向，踏上阻力最小的那條路，看上去通常就像在內在視野範圍中掃描危險：我的伴侶是不是對的人？（愛情安全嗎？）我會不會傷害到誰？（我無害嗎？）我會有足夠的錢嗎？（我有沒有保障？）我是不是得了絕症？（人生安全嗎？）地球沒事吧？（我們所有人都安全嗎？）和那些在叢林野外讓人類活下去的思考模式一樣，我們因而用同樣攸關生死的心態，來面對這些問題，感覺既擔憂又恐慌。但如今我們活在新時代裡，那些曾經讓我們受用無窮的原始警報系統，需要現代化並轉變方向，這樣我們才不會將焦慮投射在其他人、我們自己，以及這個世界身上。全球有幾百萬人被焦慮折磨，我們全體一起被召喚，以辨認出其中隱藏的，是一個充滿力量的邀請，要求人類這個單一物種，朝全新的方向逐步進化。

焦慮的徵兆

焦慮的顯現有很多種方式，但它最常出現的形式，是不間斷的侵入性思維、身體症狀以及強迫行為。

舉例來說，我那些被感情焦慮困擾的病患，他們最初寄來的郵件內容幾乎都一樣：「我的感情生活很忠誠，也很健康；但在某個夜裡我突然驚醒，伴隨著重擊的心跳，覺得自己無法呼吸，口乾舌燥，接著竄出一個念頭：『我愛錯人了。』從那之後我就不停被懷疑折磨。我上網查『你怎麼知道自己是不是真的戀愛了？』之類的敘述，但只讓我越來越焦慮。這代表那個想法一定是真的。」（第十五章有更多關於「真愛」的討論。）

另一些受孕期焦慮磨難的病患則分享：「我最希望的就是懷孕，但我在看到驗孕結果是陽性的那一刻，卻開始慌張。現在日日夜夜在我腦海裡狂奔的那些念頭可怕透頂，像是：我覺得我好像被診斷出有絕症。我不想要這樣。我熱愛我的生活，還沒準備好要放棄。我覺得好像有異形在我身體裡長大。這一定表示我不是真的想要這個孩子。」

我們會在第九章（思考的領域）更深入討論這些場景，但你很清楚這些是焦慮的徵兆——這些念頭、生理感覺和行為（因為焦慮而上網查資料，就算是強迫行為），以及接下來的解釋：「這一定表示我不想繼續這段感情」或「這一定表示我不想要這個小孩」。在處理焦慮時，最重要的是區分這些徵兆，以及我們賦予這些徵兆的意義。因此，你越了解焦慮的徵兆，就越有充足的心理準備去辨別，然後透過好奇與憐憫的透鏡接近它，而不是直接以最表層的解釋論斷。

再者，即使焦慮這個詞在今日的世界司空見慣，卻仍有很多人不知道什麼想法、感受和知覺代表焦慮。我們不了解的任何事物，都導向更嚴重的焦慮。要是有人告訴我，我第一次恐慌發作被送到急診室的那個晚上，是因為焦慮纏身的話，我就不用在一開始的極度痛苦之外，還得再痛苦好幾個月，去試著找出我到底出了什麼問題。當然，我什麼問題也沒有。我的心靈才剛順利透過恐慌這個使者向我傳遞訊息，告訴我是時候開始個體化的過程，以及突破被制約的自我了。我當然不會期待急診室醫生告訴我：「歡迎，妳剛才進入了妳心靈的暗夜。」但如果他讓我知道發生了什麼事，來為我指引道路的話，我會比較容易找到原因。

下列是焦慮最常見的心理、生理或行為表現。

侵入性思維

- 假如我和錯的人在一起呢？
- 假如我錯過了自己的志業，要怎麼辦？
- 假如我傷害了誰？
- 假如我傷了一個小孩？
- 假如世界末日到了？
- 假如我得了絕症？

更完整的侵入性思維清單，在第一百七十頁。

身體症狀

- 胸悶。
- 喉嚨緊鎖。
- 呼吸短促。
- 體內的焦躁感（坐立難安的感覺）。

- 失眠。
- 口乾舌燥。
- 頭痛（包括腦壓升高）。
- 肌肉痠痛。
- 渾身不舒服。
- 心跳加速。
- 盜汗。
- 胃腸打結。
- 消化系統問題。
- 暈眩。

行為徵兆

- 生氣。
- 易怒。
- 成癮。

- 完美主義。
- 說話滔滔不絕。
- 為了再三確認而進行的強迫性儀式行為，也包含網路使用。

這份清單絕對稱不上詳盡（令人驚奇的是焦慮會以這麼多症狀呈現），但這些是對我在世界各地的患者和課程學員來說，焦慮最常顯現的方式。

焦慮的根源

焦慮的原因可以追溯自許多根源——從家族史、學校及宗教文化的影響，到來自全世界、文化或社會的訊息。當你了解自身焦慮的某些來源時，就能讓它常態化，並接著平息「焦慮纏身就表示是你有問題」這種無地自容的想法。

我們現在知道基因是焦慮的要素，若你的雙親或其中一方受焦慮所苦，你就更有可能碰上焦慮。焦慮傾向不僅存在於基因構成中，我們幼年時期在家庭內所觀察到的行為榜樣，比起那些明確被傳授給我們的事物，還更有影響力得多。換句話說，若你目睹主要照顧者和焦慮搏鬥或長期處於擔憂狀態，但卻沒看到他們採取什麼措施，去學習如何確實地關心與照料，你就很可能也得走上同樣的路。當我詢問病患父母是否有焦慮症時，答案總是肯定的。

重要的是，即使你的家族中有許多慢性憂慮者，或是雙親可能因焦慮或憂鬱而困擾不已，你的餘生也不見得一定在焦慮中度過。知道這些事實可以幫助你了解自己從何而來，但並不一定會決定你要到哪裡去。焦慮心靈的其中一種影響和掌控，就是給你一個信念，讓你深信自己會永遠在焦慮中掙扎，不可能好轉、沒有任何牽絆。焦慮的想法傾向於非黑即白、毫無模糊空間的思考；也就是說在你使用「不可能」和「永遠」這些詞的時候，就會知道自己身陷焦慮的魔咒中。我鼓勵你在閱讀本書時，去注意這些悲觀沮喪的聲音如何出現，接著試試看讓它觸及你腦中的其他部分，其他能夠說出「我的過去不會限定我的未來。當我開始用正確資訊及溫柔覺醒的光芒，來照亮這些痛苦的模式時，我就能為自己設定一條全新的軌道」這類宣言的那一部分。

以某個層面來說，焦慮是已經扭曲的感受性。倘若你敏感的天性（我們要再次強調，每個人在心中都是敏感的）沒有被溫和與友善滿足，父母也不知道如何帶領你體會生命中的這些重要感覺（例如悲傷、憤怒、嫉妒、孤獨、失望和挫折），抑或是教導你一些儀式行為或練習，來幫助你度過對死亡的覺察；他們因為不知如何照料你的那些重要感覺（也就是他們從來沒學過，怎麼照顧自己的內心感受），因此反其道而行地用「自己想辦法啊！」之類的訊息來讓你感到羞愧，也駁斥你的那些重大感受，敏感因而轉變成焦慮，別無他法。從這個觀點來看，焦慮是一種防禦機制，讓你遠離那些因體驗到作為人類而生的原始感覺，所產生的脆弱感。焦慮作為一種心理狀態，會導致你從自己的內心出走，躲到心智的安全地帶；它曾是讓你受用無窮的出色防禦機制。

在我協助焦慮症的成人患者時，我經常會問：「在你還是小孩的時候，有因為焦慮或擔心困擾過嗎？」答案幾乎都是肯定的。有趣的是，焦慮的表現和侵入性思維的軌跡，通常都追隨著同一條路徑：從擔心父母親會發生什麼事開始（如果媽媽死掉怎麼辦？），接著轉移到性方面的侵入性思維（如果我是同性戀或異性戀怎麼辦？）。這裡需要澄清的是，原來性取向是異性戀的人，會不斷反覆思考自己是不是同性戀，而身為同性戀的人則懷疑自己是否有異性戀的傾向。然而，了解這點是非常重要的，與性取向相關的侵入性思維，和性別一點關係也沒有；當焦慮掌控一切，這些想法就是心智試圖尋求確定性的方式。但為了試圖回答這個問題，而反覆不停確認的話，只會使焦慮更嚴重；我們必須從根源著手。在對性的質疑之後，焦慮又轉變為對健康的惶惶不安。最後，當病患真的找到我這裡來時，他們承受的又可能是關係焦慮、孕期焦慮或職場焦慮的痛苦。故事情節可能改變，但潛在需求相同（尋求確定感與安全感）。其開端就是感覺自己像漂流的小孩，在瞬息萬變、排山倒海的情緒生活的海洋中浮沉；在孩子們能夠自立自強之前，卻沒有身為成人的主要照顧者給他們可靠的指引，引領他們穿越這些感覺。除了家族病史外，學校系統有許多層面也會引起焦慮，像是服從社會的壓力，以及獲得傑出成就的學業壓力。此外，至少有百分之二十的兒童，他們的學習方式和學校的期待並不一致，他們可能在學習的時候比較好動而不是被迫坐著；偏向視覺空間思考，而不是以學校偏好的聽覺線性方式接受教育；他們也可能是內向兒，需要安靜的環境，來取代在嘈雜擁擠的教室中學習。當孩子待在和他們的節奏與個性截然不同的系統中，許多年後，甚至要不了那麼久，就可能納入一些想法，例如是他們自己有問題、在某方面比較拙劣，或是自己並不聰明。這些都會導致焦慮。

此外，宗教雖能帶給人們一種對遠超於自我存在的信任感，卻也可能傳達最根本的錯誤訊息，特別是在思想、身體與性相關的領域中。當一路伴隨兒童成長的宗教系統，教給他的是「如果你有某些（主要是關於性的）想法，就代表你有罪」，就很容易引發焦慮。宗教也可能減低人們最基本的自我信任感，因為它常鼓勵人們將信心完全寄託於外在的來源，而非他們自己。若有病患在成長過程中十分虔誠，目前卻面臨人生抉擇的難題——譬如選擇終生伴侶，就可能時常問道：「如果這不是神的旨意怎麼辦？」這份恐懼直接來自一個信念，就是對與錯的生活方式是存在的；如果你的生活方式不對，就注定過著悲慘慚愧的一生。這種思考模式極度容易引發焦慮。

近來，整個媒體文化也過度地渲染焦慮。不管我們往哪看，都會接收到這種訊息；「你不好。」「你的做法是錯的。」「這個世界不好。」「你並不安全。」我們從不曾像現在這樣，如此密集地二十四小時循環暴露在充滿恐懼、負面、匱乏和慘劇的思考及影像中。每打開新聞就被災難的影像淹沒，每當看著螢幕，讀到的都是政治、社會或經濟的衰退；一看到廣告或滑過社群媒體，就會啟動你感覺自己有所不足的那一面。如果焦慮有一部分的定義，是你相信自己並不安全，那麼我們的文化則徹底利用了這種對安全感的基本需求，創造出一個系統，讓我們已經成癮，無法自拔。恐懼讓人產生依賴，消極也會引人上鉤，奪除安全感則令人信以為真。這是一個惡性循環：我們越焦慮，就越想讓自己接觸螢幕、新聞和科技；但當我們接觸越多，卻越覺得焦慮。

主流文化透過螢幕傳播，告訴大家「我們的做法是錯的」，它用這種普遍觀點，長期維持我們的失衡。兒子有天晚上告訴我，他聽說有個朋友在生日派對上瞞騙她的年紀，說自己比真實年齡要來得大。兒子問我她為什麼要這樣，我回答：「當你還小的時候，這世界逼著你成熟；你長大之後，它卻告訴你要追求外表和舉止的年輕。真正的訊息是，你不管怎樣都不對。」

倘若每天、甚至每個小時大量傾注到我們心靈之水內的都是這樣的訊息，任何人除了焦慮之外，怎麼還可能感覺到其他東西？

01 節制媒體使用

為了緩和焦慮，節制媒體使用是最成效立見的方式之一。這代表你必須確保在接下來的三十天或更長的時間裡，從你每日所攝取的精神糧食中，全面排除社群媒體和新聞。即便看起來不太可能，但做就對了。表面上，社群媒體能促進關係的維繫，但它幾乎完全集中於外在世界。在我們使用 Facebook 或瀏覽新聞時，幾乎不可能避免看到全世界各種駭人聽聞的消息，也很難不用某些方式和其他人比較。如果 Facebook 是你和朋友的聯繫方式，用電話取代吧！與其傳訊息，還不如試著打電話給親朋好友；可能的話最好還是面對面交談。傳訊息並不是交談，雖然這樣能暫時穩定關係，但並無法達成更遠大的目標，也就是以健康又有意義的連結和行動，充滿自己的內外在。

焦慮並不是打地鼠遊戲

焦慮蔓延時會掌控你所有的系統：身體、思考、情緒和心靈。在急性焦慮的狀態下，腎上腺素充滿全身，接著給你一種總是處在高度警戒的感覺，已經準備好在面對危險時，該迎戰或是逃脫。但若是非急性的廣泛性焦慮症，焦慮會透過慢性問題顯現，例如肌肉痠痛、頭痛、呼吸困難及失眠。我那些在心理層面上，為侵入性思維所苦而前來接受診療的病患，將其描述成一個二十四小時不間斷的倉鼠滾輪，他們一直被卡在某個特定想法中，為了獲得踏實的感覺，而無止盡地想找到解答。從根本上來說，這是一種心理狀態，廣泛且長期的焦慮導致人們封閉自己的情緒生活，因而造成麻木或空虛的狀態。而在心靈層次上，倘若我們沒注意到焦慮試圖從意識層面和我們接觸的話，以隱喻和符號呈現的幻想和夢魘，將取而代之地傳遞來自我們心靈的訊息。

再者，主流模式尋求從症狀層面著手處理焦慮，也就是試圖擺脫這些徵兆。但即使症狀得以去除，焦慮還是會找到其他方式吸引你的注意。記得：焦慮是心靈的一種溝通方式，傳達的是內心有某些事物已經扭曲、失去平衡，或是需要注意。當你忽略或消除症狀，就會錯失訊息，而你的內在自己將加倍努力，藉由發送更多警告和吸引注意的想法、感覺或生理症狀，來告誡你需要轉向內在。這就是焦慮的地鼠把戲：如果你打到一隻地鼠（症狀），卻沒有從根源去處理它，另一隻很快就會從別的地方冒出來。這些生理症狀、成癮行為或心理折磨將到達崩潰的臨界點，屆時你別無選擇，只能仔細留意這份轉向內在的呼喚。此時，它將要求你拿出勇氣轉變心態，選擇帶著好奇心、慈悲心，緩緩停止，甚至是感恩之情來靠近焦慮，而不是抗拒它、憎恨它。

關鍵四要素：好奇、慈悲、靜止與感恩

這四個關鍵要素，能夠在療癒焦慮的路途中幫助你。在這裡，我刻意使用鑰匙（key）這個詞，因為當主角踏上追尋自性的旅程時，總會有內在的盟友和護身符，提供他們協助和指引。在神話和童話故事裡，這些得力助手會以動物、神話生物或魔法物品的形態展現，象徵的是每個人都擁有的內在資源——力量與健康。倘若焦慮是引領你進入黑暗森林的召喚，那麼下述這些心靈之鑰，就是得以照亮旅程的盟友和護身符。

解除焦慮的第一把鑰匙，就是進行有意識的轉變；對於你的內在世界，你必須從避免、推開或憎惡痛苦的心態，轉變為對它充滿好奇。這不是一次就能完成的轉變，而是日日夜

夜、甚至時時刻刻的重新設定與提醒，將意圖的羅盤，再次和好奇心的刻度對齊。為此，明白這些最初的想法都只是苦惱的火花，是非常重要的——不管這些想法是「我是不是不愛我的伴侶？」「要是我傷害了我的小孩？」或「要是我得了絕症呢？」敲響警示鐘的，是你內在的自己。大聲疾呼尋求你的注意的，是被你掃到心靈的地下室、奮力抵抗不確定性與無法控制的那些混亂又黑暗的部分。那裡已經變得過度擁擠，該是它們現身的時候了。若以字面意義去理解這些想法，而不是對更深層的訊息抱持著好奇的話，你將錯失療癒的機會；但如果你辨認得出這些想法只是警示，就會對心裡那些需要你留意的地方，萌生一探究竟的念頭。

舉例而言，一位接受我心理治療的病患，為了討論她的掙扎而預約了諮詢：是要和先生帶著六個月大的孩子搬回家鄉，還是留在美國？那些揮之不去的想法，像是「我們應該搬回去，不然我女兒長大會變成差勁的大人」已經強化到偏執的地步，日日夜夜主宰著她的思考，並引發鋪天蓋地的焦慮和孤寂。表面看來，她的矛盾似乎是足夠理性的，她想要女兒在以自己為中心擴展出去的群體中長大，例如她的母親、姐妹和表親等等；她希望女兒的成長環境和自己的一樣，但她現在卻在大城市的孤立中養育女兒。然而，當一個問題變得過於偏執且充滿恐懼時，例如她的問題所顯示的懼怕（如果不搬家，女兒長大就會變成差勁的人），我們就能察覺自己已經進入了焦慮的領域，也得以注意到這個問題本身就是一個寶庫，需要我們的照顧。但若試圖依照文化建議的方式回答問題，例如列出優缺點、問別人的意見，或是著魔般地思考這個疑問，我們依然會被困在自己的想法裡面。我們不只錯過了那些正待收集的點點滴滴的深層智慧，也掩蓋了以更深層的了解為基礎，那找到真正方向的機會。愛因斯坦（Albert Einstein）曾說過一句名言：「我們不能用製造問題時的同一個意識層面來解決問題。」這正表示如果我們試圖從充滿焦慮的地方，為一個和焦慮相關的問題尋找「解答」，只會讓焦慮更加惡化而已。

在治療的前半段，我先鼓勵病患把焦點從當下的問題轉移。這很困難，因為她已經不斷重複這個問題好幾個月了，因此，她的大腦已經發展出一條走了無數次的神經路徑，強化了這樣的訊息，認為回答此問題是生死攸關的事。焦慮就是這麼運作的：它緊抓著某個問題或主題，就像小狗咬住骨頭一樣，接著你將變得堅決要找出解答，因為你相信只要能回答這個問題，就得以找回平靜。

但當我們迂迴地進入思考的領域，再從中抽離時，病患便開始建立連結。她看出這個想法，從她懷孕起就占據了謎一般的重要地位（這在轉化中很常發生）也看出有許多隱含在這個想法內的地帶，需要她傾注關心，像是遠離家鄉的痛苦，她必須關照自己在十年前，為了保有自立的感覺而搬離家鄉的悲傷；回家的渴望代表著她在理解了童年時期的某些痛苦時，對於回到內在家園的冀望；也因為她必須放下女兒回到職場，而感到悲傷等等。只要她把這些地帶照料好，下決定時就有清晰的根據，而不是放任狂亂的焦慮主導。一旦發現隱藏在焦慮裡的訊息，我們就能驅散最初的想法，一切了然於心。

02 靠著留心和指認，來變得具備好奇心

一開始，先花十五到二十分鐘寫下焦慮的感覺，以及對你而言焦慮如何呈現。記得要充滿好奇！提醒自己焦慮不是你的敵人，而是你的信差，請開始檢查它想傳達什麼訊息。

從焦慮中重獲自由的第一步，就是去注意焦慮什麼時候出現，並辨認它在你身上如何呈現。若要激發好奇的心態，可以試著問自己一些問題，例如：我的身體有哪裡覺得焦慮？無論現在還是過去，有哪些想法或議題和我的焦慮相關？我對焦慮的第一個記憶是什麼？在我年幼時，我的主要照顧者如何處理我的敏感和焦慮？

一旦焦慮的想法或感覺浮現，就大聲肯定地說出來：「這就是焦慮。這是侵入性思維。」如果可行的話，若你在一整天中一注意到自己的焦慮，就立刻把它記下來。為此，手機的記事本是很好的工具，但手寫的筆記更好。

尋求療癒的第二把鑰匙，是學會帶著慈悲心，來面對你的焦慮。這表示在面臨難熬的感覺和經驗時，你必須以更仁慈的、讓你無論如何都能做自己的方式回應，來取代你已經習慣了一輩子的羞愧感。但由於多數人越來越常接收到的訊息，是這些難熬的感覺是「不好」的，我們應該忽略、覺得羞恥或保持靜默，因此，這項任務並不容易。我們將在本書中，更深入探索如何重新調整我們已經習以為常的羞愧反應；從許多方面來說，本書所遵循的所有典範，都是以心態的轉變為基礎，從拒絕焦慮的心態，轉而成為接受焦慮的心態。但目前我想教你的是最簡單的練習之一，學習用仁慈來對待自己，也就是施受法[3]。

03 施受法

我們習慣排斥我們不想要的感覺。若要徹底改變這個習性，由美籍比丘尼佩瑪・丘卓引進美國的佛教施受法，是最有效的練習之一。這個當下的練習非常簡單。隨著呼吸，將我們通常覺得「不想要」的感覺吸入，再將想要的感覺吐出；或是像佩瑪・丘卓在她的網站上傳授的一樣，「在你練習施受法的當下，只需要吸氣、吐氣，把痛苦吸入，同時送出無垠的空間和寬心。」此練習之所以強大，在於它和我們對痛苦感覺的習慣性反應背道而馳；因此，經過長時間的練習，我們就是在重新訓練我們的心智，去接受、甚至歡迎痛苦和恐懼，不管它們以什麼方式呈現。

接下來，試試看你能否對施受法的第二步有所感應：在當下這一刻，吸入地球上所有其他人的痛苦，他們的感覺可能是寂寞、傷心、失望、不知所措或心碎；再呼出愛與聯繫。如果你認為自己是世上唯一在人生中受挫的人，再想一想吧。我們全都以某種奧妙卻美好的方式同舟共濟，眾多心靈的細線織成一張隱形的網，讓我們在痛苦與至善至美中互相聯繫；倘若你能和這隱形的網建立連結，焦慮就能獲得平靜。

療癒焦慮的第三把鑰匙，是每天都騰出時間與空間，慢慢減速，直到完全靜止。我們如果動得太快，就無法解讀焦慮的訊息；因為心靈的推移依循的是萬物的作息，而不是科技的時間。倘若我們用忙碌、工作、消遣、持續不停的動作、傳訊息、聊天、聽音樂、捲動滑鼠、按

3 譯注：施受法（藏語發音為 Tonglen，意為施予與接受），也稱為自他交換法，是一種利他的呼吸修持，開放自己接納他人的苦難，並將自身的慈悲施予他人。

滑鼠鍵和觀看來填滿每一刻空閒，我們就失去了傾聽內在自己及與其建立連結的能力。實際上，焦慮捎來的訊息之一，就是警告你說：「慢下來！我聽不見自己思考，沒有時間內省。當我和內在世界失去連結時，就不知道自己是誰了，所以感到焦慮。」我們的文化移動得一天比一天快，心靈卻跟不上。

我在書中分享的每一個練習，都需要慢下腳步。你可以慢下來短暫休息，讓自己沉浸在專注的那一刻；就像在等紅燈時，你可以選擇深呼吸並留意周圍的環境，而不是忙著看手機或換音樂。你也能用更長的時間放緩，例如在每天早晚時，好整以暇地寫日記、冥想或只是靜靜沉思。從焦慮解脫得下的一部分功夫是積極行動，例如確實實踐書中的練習；而其它部分在於花點時間，緩慢進入一個沉默，卻能夠滋養你身心的空間，也真的什麼都不做，像是坐在樹旁或躺在草地上，並確保手機不在身邊。在靜止的空間裡，好奇心和慈悲心這兩把鑰匙將集結成你的盟友，在療癒的旅程上給予幫助。

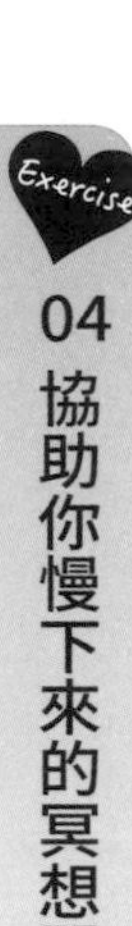

04 協助你慢下來的冥想問題

出於你對自己的好奇，問問自己：

- 如果我花點時間，讓某個至聖的時刻籠罩我，會發生什麼事？倘若我在那一刻完全傾聽自己的孤寂和沉默，直到聽見心靈的雨滴灌溉我的土壤，而不是拍照、上傳到Instagram的話，會發生什麼事？
- 在我早上起床，眼皮緩慢掙扎地睜開接觸晨光時，夢境影像仍在意識邊緣上演；如果我在這些影像如泡泡般在空氣中蒸發之前，努力伸手觸及它們，而不是直接拿起手機來滑的話，結果可能如何？
- 若在長日將盡時，我花夠長的時間，停留佇立在一扇打開的窗前，望向夜空，也汲取到月光的智慧的話，可能會發生什麼事？隨著銀白色的光束，月亮可能會對我輕語什麼祕密？

這些問題的答案，就是你會在當下這一刻，和自己面對面。在這些沉默與孤寂的短暫時光中，你將正視你的痛苦。是的，這是你胡亂往別處塞的那些部分，因為在以前，它們被認為是不討喜的；但若你敢於想像，它也是會你的光明之地：是渴望被完成的詩，需要被唱出來的歌，這些充滿悲傷的喜悅淚水，正等著流入你捧成聖杯狀的掌心。

第四把鑰匙，就是將你內在羅盤的目的地設為感恩。它能幫助你轉而擁抱好奇心，並對自己更慈悲。這意味著你感激的對象，不只是你生活中那些滿溢的恩典，你也應該對挑戰心存感激。大衛・斯坦德拉（David Steindl-Rast）修士在他的有聲書《感恩的心》（*A Grateful Heart*）裡分享：「活著，就是能夠留意且意識到我們領受到的不可計數的恩典——即使是我們得去看牙醫，或是病得很嚴重的那天。」

從焦慮中發現禮物的意義，就在這裡。就是要經歷這些挑戰，我們才能有最多的學習和成長；這也意味著隱藏在每次的焦慮感或侵入性思維中的，在夢魘、恐慌發作或令人無法忍受的失眠背後的，如果你能夠好好發掘的話，會是通向療癒和寧靜的鑽石。雖然在你踏上旅程的時候很難想像，但在接受我治療的病患和學員中，每一個帶著能夠指引道路的好奇心、慈悲心和靜止的幾把鑰匙，欣然接受這條慢慢靠近自己焦慮的路徑的人，都會回來告訴我：「當你說我將對自己的焦慮心存感激時，我並不相信；結果是真的。用這個方式面對我的焦慮，讓我以自己最初最為其所苦時所無法想像的方式，把自己帶回自己身上。」對你來說，這也可能成真。

我鼓勵你在閱讀本書來處理焦慮時，隨身攜帶好奇心、慈悲心、靜止和感恩這四把鑰匙。你不知道你會在自己的焦慮裡找到什麼鑽石、躲在你的侵入性思維中的是什麼訊息，以及藏在不自在感身後的，是什麼禮物。這些寶石對每個人來說都有所不同，因為療癒並沒有放諸四海皆準的公式，但當你在進行這項內在的功課時，會發現一層你從不認為可能存在的寧靜、能力、信心和清晰。你會發現你很好，也會發現你從來不太了解的這個世界，存在著美妙和平衡；你會發現人生有了目的。緊繃的地方會鬆開，你也能夠深深呼吸。這也許是你生來第一次知道，自己到底是誰。

05 腹式呼吸法

腹式深呼吸是一個最常被推薦的即刻練習，它能舒緩你的神經系統，也因此能平靜焦慮。原因在於當你深呼吸，將腹部盡量像氣球般往外鼓氣時，會啟動迷走神經，使杏仁核平靜，也就是你大腦內部的情緒反應中心。甚至只要深呼吸五次（緩慢吸氣，將肚子填滿，再慢慢吐氣，壓縮腹部），就能平撫你的神經系統，讓你稍微重振精神，更自在地往下一刻前進。下次，當你注意到焦慮的警示徵兆時，就暫停一分鐘，進行以下的簡單步驟：

1. 將手放在下腹部低於肚臍的地方。（刻意讓自己的手觸碰身體，是一個愛自己的動作。）
2. 盡可能深深吸氣，像吹氣球一樣鼓起你的腹部。（若你無法深呼吸也不用擔心，焦慮的另一個常見症狀就是有深呼吸的困難；所以當人們說「深呼吸」的時候，還可能引發更嚴重的焦慮。你只要盡己所能地鼓起腹部就可以了。）

3. 憋氣一秒鐘。

4. 緩慢吐氣。

5. 再重複四次。

我在前言中已經提過腹式呼吸，這個當下的練習，我們隨時隨地都能進行。記得：你實行的練習越多，就越能重新調整你對焦慮的慣性回應，越能從恐懼和緊繃，轉變為成長和接受。倘若你越能詳述焦慮的症狀，就越能從中學習，持續朝療癒之路前進。

產生焦慮的兩種文化訊息：「正常的迷思」與「對快樂的期待」

身為人類，我們生命的任務在於幫助人們了解，我們之中的每一個人到底有多稀有、多珍貴，每個人都擁有其他人所沒有的（也可能永遠都不會有），它一直存在於內心，獨一無二。我們的工作是互相激勵，來發掘那份獨特性，並且設法發展出它的表達方式。

——弗雷德・羅傑斯（Fred Rogers）

在焦慮、侵入性想法和缺乏成就感的中心，存在著一個共同的根源：缺乏自我信任。自我信任是人類存在核心的水晶羅盤，讓我們能夠自在且自信地航行於內在與外在世界。它幫助我們區隔真誠和錯誤的訊息，並以悲憫的心關照我們的情緒生活。倘若缺乏自我信任，就會很難做決定，不管是否接受聘用這樣的大事，或是在餐廳要點什麼菜的小事。受焦慮所苦的人，在需要下決定的時候，常會發現自己動彈不得，就像突然被大燈照到的鹿一樣。

其中潛藏的恐懼是做了「錯誤的」選擇：這樣的錯誤會讓他們後悔，因為他們相信完美是可能的，否則就是失敗。我們已經深深被制約，相信在人生中，即使是做很小的決定，都會有正確或錯誤的選擇，而我們很害怕搞砸。彷彿我們相信每個決定都是一個複選題，填錯答案就等著被當掉；反之，如果我們回答得「正確」的話，盛滿永生幸福的聖杯就會顯現。

但我們不知道的是，只有在我們連結到自己的內在智慧及完整性的泉水時，才能觸及與焦慮相對的自我信任和健康快樂。因為其他人總告訴你該做什麼、喜歡什麼、感覺什麼、想什麼，你的完整性因而深埋在自我懷疑底下，存在於你心裡。試著觀察嬰兒看看，你很快就會發現我們生來就知道自己想要什麼、不想要什麼，不管是在飢餓、疲累或需要人際連結的時候。我們在出生時都很了解自己，但在父母、老師、醫生、其它長輩等主要照顧者，打著「都是為你好」的旗號干涉下，我們與生俱來的自我信任才會受到損害。

當我們帶著智慧的透鏡接近焦慮時，焦慮就會是引領你找回自己的嚮導。在深究如何修復前，讓我們先來分析我們的自我信任是如何受損的。

正常的迷思

「正常」的想法可說是自我懷疑的根源，就心理層面而言，「正常」這個想法本身，甚至是有史以來，對現代文化最具破壞力的衝擊之一。因為在「我到底怎麼了？」這種連續不斷又十分普遍的負面評論之下，隱藏的問題是：「為什麼我就不能正常點？」它影響著我大部分的患者。

但什麼是正常？正常，是試著把自己塞進社會認同並接受的行為狹窄範圍裡。正常，是沉默著過生活，因為你的喧嘩和光彩奪目，或是敏感的生活方式，和社會的模子格格不入。正常，是斬除你真正的自己所散發的光芒，因為它不符合「普通」人那平庸的定義。正常，是不要特立獨行，確保自己不是太聰明，也沒特別笨，不會太外向也不過於安靜，不要太有自信也不會太沒安全感，而是在灰色地帶和舒適圈中過生活。

對正常的期待，可能在你呱呱落地前，當醫生將你的生長曲線和其他「典型」成長的胚胎互相比較時，就在你身上留下印記。在你待在子宮的時間裡，這樣的比較會持續整整九個月，你的母親認真做產前檢查，不管是透過超音波、羊膜穿刺術或是觸診，來確認「你很正常」。也許檢查結果並不好，報告出現「異常」，如此一來，一波波的焦慮就會透過臍帶傳遞訊息：

「噢，不，有什麼事情不對勁了，寶寶的成長沒有照著標準。」直到出生時，在每次的探嬰時間、年度身體檢查，當然，還有開始上學後，這種和正常的比較都會繼續下去。為你著想的父母和師長默默且無意識地共謀，確認你是「正常」的；任何不一樣的地方，在還是小花苞時，就很快會被摘掉。

如果你是個「好」女孩、「好」男孩，擁有能夠適應社會的社交與學業技能，那麼你可能很早就學會這些規則，也設法掐掉自己的「花苞」。你會把奇怪的東西去掉，也修剪不好看的部分。為了避免被嘲笑，你很快就把任何不正常的舉動藏在內心深處的某個地方。你「正常」了，繼續過你的生活，直到某個事件闖入並打開你的內心；也許是焦慮的表現已經到達臨界點，那個活在陰暗國度中真正的你，才開始展露出來。

然而，倘若你以前不「正常」或無法達到「正常」，那麼你的年少歲月可能比較痛苦。當其他小孩似乎「了解規則」的時候，你就是坐不住。有多少次你的老師顯然十分惱怒地告訴你：「你就不能正常一點嗎？」你試著坐好，試著把「奇怪」的東西摘掉，但你某部分的天性不讓你這麼做。你盡己所能，努力撐過在學校的時光；如果你成功上了大學，你很可能會發現，不管你是個「怪胎」還是有其他特質，都終於有個世界接受本來的你。從某方面來說你很幸運，因為無法融入這個系統，你真實的自己受的傷因而比較輕微。然而，這些只有怪胎才會在年幼時期承受的痛苦，卻仍會留下深刻的傷疤。

有趣的是，「正常」是相當近期的概念。強納森．慕尼（Jonathan Mooney）年幼時苦於多種學習障礙，他在《啟智校車：超越正常的旅程》（*The Short Bus: A Journey Beyond Normal*）中寫著：

> 我開車的時候，思考著正常這個詞。在這趟旅行啟程之前，我碰巧看到一本很棒的書，是勞瑞．大衛（Lennard David）的《堅持正常》（*Enforcing Normalcy*），他提出確切的證據，說「正常」（Normalcy）這個詞直到一八六〇年左右才在英語語言中出現。在那之前，我們只有「理想」這個概念，沒有人會希望達到。在美國，當國家試圖控制越來越多的都市人口，並讓來自全世界的移民變得美國化的時候，「正常」是在這樣的文化情境下興起的。然而，正常最主要是來自統計學的概念。雖然我們一直聽到我們可以靠改變行為、訓練身體和心智來達到正常，但在真實人類的真實世界中，標準、規範和正常並不存在（筆者特別強調）。在我們的文化、家庭和生活中，我們被教導要追求正常。但當我們追求它的時候——像我追在它後面的時候，它就消失了。你越想接近，它就越像是一道不停退後的地平線。

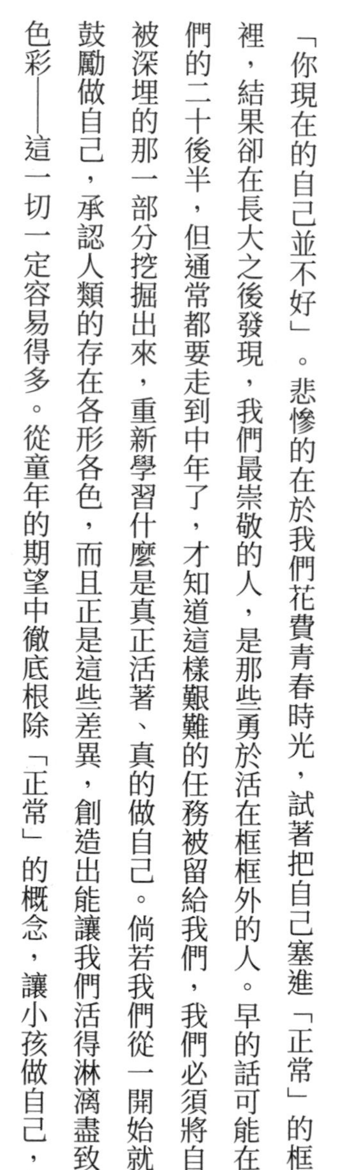

追逐正常這道不停退後的地平線，會引發嚴重的焦慮，因為這麼做所暗示的訊息，仍然是「你現在的自己並不好」。悲慘的在於我們花費青春時光，試著把自己塞進「正常」的框框裡，結果卻在長大之後發現，我們最崇敬的人，是那些勇於活在框框外的人。早的話可能在我們的二十後半，但通常都要走到中年了，才知道這樣艱難的任務被留給我們，我們必須將自己被深埋的那一部分挖掘出來，重新學習什麼是真正活著、真的做自己。倘若我們從一開始就被鼓勵做自己，承認人類的存在各形各色，而且正是這些差異，創造出能讓我們活得淋漓盡致的色彩——這一切一定容易得多。從童年的期望中徹底根除「正常」的概念，讓小孩做自己，無須道歉，這種做法不是健康多了嗎？

06 正常的迷思如何影響了你

花點時間思考並寫下對正常的期望，如何影響你的自我概念、人生選擇以及焦慮。你是否有別人不管是明示或暗示地說你某些地方不太對勁，以致於你放棄了一部分的自己，試著服從的經驗？你對這種事的最初記憶發生在什麼時候？就你所知，從你母親懷孕、你出生、嬰幼兒到學齡時期，有沒有發生過什麼事，讓你覺得自己在某方面不太對勁或不正常？你記不記得曾被説過「你真是個難搞的小孩」或「你好乖」？這些敘述雖然司空見慣，但它們會強化一個信念，就是「正確的行為舉止是存在的」。

在你思考「正常」的概念，而且在面對這些強化你有問題的信念、敘述和記憶時，你允許它們浮出表面的時候，再回來進行這個練習。

對快樂的期待

第二個導致焦慮的重要文化訊息是對快樂的期待，並駁斥陰影的存在。我們生活在一個追求光明、厭惡黑暗的文化中；事實上，「對快樂的追尋」是美國文化基本的指導守則之一。在我們踏入世界冒險時，我們仰慕快樂的臉孔，戴上微笑的面具。根據統計，脾氣溫和的嬰兒會比難取悦的嬰兒受到更多稱讚，而活潑的青少年所吸引到的正面注意力，比陰沉的青少年來得多。我們的文化推崇個性外向的人作為理想，並視其為人格類型的極致，在這種文化之下，我們小時候就接收到這樣的訊息：性格比較憂鬱的人，一定是自己有問題。我們學到的是「放輕鬆」，聽到的是「活潑點」，我們得掃除生活中和你自己混亂、鬆散、狂暴的那些部分，把它們藏在黑暗中。

你早就被說服要獲得快樂，就必須遵從文化的期望和進度表：即使和你的學習風格相反，也得在學校表現良好；即便你很內向，只想要有一兩個很親密的朋友，還是必須交遊廣闊；就算你比較喜歡閱讀或創作，只要你是男孩就得運動；即使你選擇的道路並不需要學士文憑，滿十八歲還是免不了上大學；即使你並不喜歡聚會狂歡，還是得這麼做。接著，找一份好工作、結婚、買房、生小孩，越來越勤奮工作，在公司裡往上爬，生第二胎，賺很多錢，買一棟更大的房子和更貴的車，退休——照著這樣的順序。某部分的你知道遵循這種公式並不能確保幸福快樂，但除非你有意識地選擇違抗文化慣例，否則你很可能變成溫馴的綿羊，盲目地沿途追隨。若是如此，你就捨棄了由自己獨特的個性、天賦、特質、需要和渴望交織而成那美麗的撲朔迷離——最重要的，是你放棄了自己落在框框外的每個樣子。

若年輕人小時候被教育的不是追尋快樂，而是如何朝意義和滿足的方向前進的話，就能在很大程度上減輕他們的焦慮。比起快樂，我們真正需要傳遞的訊息是圓滿。這意味著父母將從各種來源（小兒科醫師、教師、牧師、朋友和媒體）接收到這樣的訊息：他們孩子的良善之處，比錯誤的地方要多得多；孩子的目標不一定非得是幸福快樂的生活，而是藉由堅韌的自我信任的引導，追求充滿意義的人生。

07 以慈愛的行動，來取代「應該」

若要辨認你是否把自我信任交出去了，最快的方法之一，就是仔細聽「應該」這個詞是不是占據了你的想法和語句；我一聽到「應該」這樣的句子，就知道我的患者正為外在施加的期望煩惱著，並且無可避免地將自己和文化中完美的「好」或「正確」的行為做比較，接著就產生了焦慮。

例如這句話：「我要和戀人見面了，應該更興奮才對。」我們帶著一個深植心中的想法，如果你和另一半分隔兩地，卻對對方沒有渴望的話，就表示這段關係有問題或少了什麼。我們的腦袋就會想著：「我愛得不夠深」或「他是錯的人」，焦慮的惡性循環隨之而來。

你如果想從「應該」的心態康復，請開始注意這個詞在你的自言自語中出現的頻率有多高，以及當你被「應該」的想法折磨時，內心的感覺是什麼？當你聽見「應該」這個詞的時候，反向思考一下，問問自己：「現在這一刻，有什麼是能讓你自己和別人都感受到滿滿的恩澤的？」

通往智慧之路沒有答案，只有路標

有幾次在陷入衝突或無法招架的時刻，未知的強烈浪潮沖過我全身，讓我想要崩潰，像是我的兒子們打了起來、和先生吵架、跟好姐妹暫時鬧翻，擔心世界的現況，或是轉角那個無家可歸的人。痛苦像暴風雨般包圍我，彷彿數不清的蛾在我身邊振翅，颶風般的情緒讓忽隱忽現的絕望加劇，我們全都意識到自己正因此折騰，卻沒有人有答案。魔法杖到底在哪？究竟有沒有什麼終極養育教戰守則，教我們如何確保自己的孩子可以適應，好好生活？我們要怎麼解除全世界的痛苦？有人知道答案嗎？但接著，卻有其他事物取而代之，往往是復原的成果——當某人帶著真正負責的英勇行為前進，而受到另一個人接納的時候。這些脆弱的時刻讓我軟化、變得柔和，去接受我們不知道自己在做什麼，也或許我們根本不需要知道。這讓我想起里爾克[4]在某封信裡寫的著名的一段話：

對在你心中懸而未決的一切抱持耐心，試著去愛這些問題本身，彷彿它是上鎖的房間，和用完全陌生的外文寫成的書。現在不要去尋找那些還不能告訴你的答案，因為你還不能體會；重要的是去體會每一件事，當下就去體會這些問題。也許在不知不覺中，你就能度過這些找尋答案的漫漫長日。

我們有時會上當，是因為我們期待生活和人際關係都很輕鬆。然而，生活一點都不容易，尤其是伴侶關係，它似乎會激起隱藏在我們自己的生活，以及父母藏在心裡、束諸高閣的故事中，所藏著的每個惡魔、每段枯燥無味的情結，和潛藏著的每滴盈眶的淚水。人際關係能夠也正在讓我們以獨一無二的方式成長。但是，舉例來說，當我們不想親吻伴侶的時候，會疑惑出了什麼問題。小孩在掙扎時，也疑惑出了什麼問題。收不到朋友的回音時，還是疑惑出了什麼問題。我們尋求答案，但結果通常是覺得自己更糟，被這個暗示的訊息折磨著：「如果你聽我的，你的小孩、伴侶關係或生活就沒有衝突，不用白費力氣。」

有一個比較能夠舒緩且確實可行的心態，是去了解每個流動的片刻，都是一個小小的奇蹟：像是你我敞開的胸懷能夠心有靈犀，因而得以一起體驗這份親密感；孩子們自己發現充滿

4 譯注：里爾克（Rainer Maria Rilke，1875-1926）為奧地利籍作家，誕生於布拉格，是近代重要的德語詩人，作品囊括德語詩歌、小說、劇本等文類，書信集也是里爾克重要的文學作品，深刻影響十九世紀末的詩歌體裁風格，以及當時源自法國、遍及西歐的頹廢主義運動。

想像力、又能讓他們兩人都滿意的遊戲；抑或是經過幾週、幾個月或幾年的友情穩定地細水長流——這些都是愛在運作的表現。為什麼？因為讓我們緊鎖內心的有很多原因，當害怕、嫉妒或負面的習慣占了上風，而你拒絕別人的河流匯集到自己的河流時，只要兩顆開放的心在浩瀚且愉悅的碰撞中相遇（當你和我不約而同地有親吻的渴望時）就是充滿恩典的時刻。

我們所有人都尚未成形，你、我、我們的伴侶、朋友，以及孩子們都是。甚至那些我們認為圓滿或完美的人物（達賴喇嘛、德蕾莎修女、耶穌、佩瑪．丘卓）都曾經是不成熟的，直到現在還是。差別在於他們多年專注練習的成果，讓他們能夠帶著愛和慈悲，朝著自己尚未熟習的地帶前進。他們的反應也許比大多數人更少衝動，而當他們真的「付諸實踐」時，則是帶著好奇心來回應的。我們都有這項能力，只是需要仰賴練習和重新培養。

知道我們在自己的不完美中並不孤單，是一件很令人欣慰的事。相互比較的小徑深深紮根於正常的迷思和對快樂的期待中，輕則無益，但在最嚴重的情況下卻會招致危險。前往解放的途徑，有賴於培養和生活之間真誠與實際的關係，坦承終點線並不存在，我們也都尚未成形。別試著將自己擠進我們文化所擁護卻達不到的期望，我們攜手在這個沉重卻壯觀的行星上旅行時，將學會更愛自己。

身為人類

若你不應該扭曲自己去符合正常的迷思和對快樂的期待，那麼該怎麼做？與其力求快樂和正常，我們更應該努力當人——但這根本一點都不費力，而是溫和地讓我們做原本的自己。身為人類代表什麼意義？若你竭力想讓自己從負面且處處設限的期望及文化訊息中解放，請你閱讀以下的段落，作為提醒。

身為人類，就是記住人類這種生物，是一種沒有目標或目的地的實驗品；他只有一張地圖，位於地圖中心的，是對愛的學習。

身為人類，就是笨拙且缺乏技巧地去愛。畢竟，我們要如何實踐從未學過或看過的事？我們會和伴侶一起坐在痛苦、沉默的困惑巢穴中，不知道怎麼逃脫。我們會覺得自己活著，和其他人互相連結；也會覺得孤獨，與世隔絕。我們會懷疑、嘆氣，會找回平靜，接著再次遺忘。用受過傷的心及尚未學會如何全心去愛的靈魂，去愛另一個人，就是這麼回事。

身為人類，就是即使和世上我們最愛的人相處，也還是有覺得不自在的時候。

身為人類，就是會忘記和感恩保持連結，忘記照顧自己，忘記祈禱。也許比起記得，我們在遺忘上花了更多時間；因此，我們短暫涉足於記憶的閃耀之泉的那些時刻，變得甚至更加神聖出色。

身為人類，是得以為了接受矛盾而成長，拓寬我們對不確定性的容忍力，直到比起想著「我知道」，我們反而能更常坦承「我不知道」。

身為人類就代表掙扎。我們終將了解，當我們坐在「應該」（這不應該這麼難的，我應該要快樂）的保護傘下時，痛苦的雨勢反而更加滂沱。然而，倘若我們接受焦慮、沮喪、孤獨、無力感、悲傷、歡樂、狂喜都是人生的一部分，就能踏入雨中，甚至還能翩然起舞。

身為人類就是去感覺悲傷，即便我們並不知道自己為何悲傷；就是去感覺恐懼，即使我們不知自己為何害怕；就是去感覺愉悅，就算我們並不知道自己喜樂的來源。

身為人類就是會犯錯，有時這代表我們將傷害他人，不管是我們最親近的所愛，或是未曾謀面的人。身為人類，是我們在就著親密感與痛苦、懊悔與原諒，以及決裂與彌補共舞時，能夠說出：「對不起，我希望你能原諒我。」

身為人類，是在體會無憂無慮時，也游移在掙扎的時刻中。若我們過於認定掙扎，將會陷入絕望。但當我們太依賴安逸，很快就會犯下狂妄的錯誤。我們沿著生命之河漂流與搏鬥，彷彿一艘航行在靜止水面或急流中的木筏。

身為人類，渴望在初為人母時，展現出完美的情感調和，但同時也清楚所謂的完美情感調和並不存在。在清晰且充滿智慧的時刻，我們必須記得唯一完美的呈現，來自於我們與根源，也就是神聖，或是片刻之間的關係。在這些慈愛的隱形臂彎中，我們被看見、被了解，以及被愛。

身為人類，是在心靈的迷宮中藏著洞穴；那裡在你被撕裂前，是一片你看不到也一無所知的陰影地帶。光線將從裂縫中流入，照亮陰影，讓存在於底層的一切浮現到意識中。

身為人類，就是去理解你的伴侶或朋友，無論是在最初相識時或經過長年以來的交往，他們也都擁有這些陰影地帶與黑暗之處，是你看不到或不知道的。接著，當他有一天崩潰時，狂怒會湧上表面，要求被理解、被愛，得到療癒。

身為人類就是會有盲點。不管我們對自己內在國度的探索有多深，總會有什麼地方是我們看不見的。這就是為什麼，面對我們真正深愛且信任的人，我們問得出口的最誠實、最勇敢的問題是：「什麼是我沒注意到的？」當盲點被照亮時，我們將哼唱滿懷感激的歌曲，因為又有另一層幻象與誤見的面紗被揭開了。

身為人類就是會變老。你三十歲時的細紋，會在四十歲、五十歲甚至更老之後刻劃成深深的紋路。因為我們活在試圖抹除歲月痕跡的文化中，所以都忘了那些皺紋訴說的，是我們生命的故事。「看，那時我開懷大笑，甚至還哭了出來。你看，那是我泣不成聲的時候，就癱倒在一片寂靜中。」那些白頭髮的女人呢？她們正被驅趕出這個文化，我們與時間的戰爭就是這麼激烈。我們經常忽略年齡的增長帶來智慧，時光的流逝伴隨著接受；隨著剩下的日子越來越短，感恩之情也越來越長。

身為人類就是去滿足需求，不管是對你家外面小片菜圃的土壤，你腳邊的毛小孩，與你同住的家人，或是在更廣泛、更屬於公共場域的空間。滿足需求的形式，沒有任何優劣之分。當這樣的無私從我們內在的井水滿溢而出時，我們就能和根源、和充滿意義之處建立連結。如同珍古德（Jane Goodall）所言，「你活過的每一天，都一定會對周圍的世界造成衝擊；你的作為讓世界有所不同，而你必須決定你想要引發哪種不同。」

身為人類，就是和地球上所有其他生物建立聯繫；這代表的不只是知識的連結，卻是仰賴力量和勇氣，而敞開的心智與心胸——直到全身隱隱作痛的士兵，從水中救起一個了無生氣的小男孩，並用雙臂懷抱著他，而我將他視如己出，並且視他的母親如我的姐妹；直到在這個既巨大又渺小的星球上，她橫越了整片海洋與陸地，倒在我懷裡；我就這麼抱著她，而我與她共苦的祈禱，則形成一張隱形的毯子，將她包裹起來。

身為人類，是盡我們所能地去愛與被愛，並消除那些不讓我們完整且自由地去愛的障礙；這麼一來，我們才能將愛散播到迫切需要我們的世界。

身為人類，就是知道我們雖不完美，卻仍是一個完整的人；我們既會傷害別人，也會受傷；我們覺得失望，同時也令人失望；我們會失足絆倒，但也將再站起來。

08 留意你內在的正面特質

讓我們在這裡暫停一下，花點時間，開始重新審視什麼是「有問題的」，並把重點放在正確、完整與健康的事物上。做這件事最有效率的方式，是為你最崇高且固有的自己是什麼樣子，寫下一張肯定與感恩的清單；上面寫的不會是你的成就、學位或任何外在的事物，而是和你的性格及內心相互交流的那些不容褻瀆的內在特質。例如，當我要求學員進行這個練習時，他們通常會如此分享：「我友善而且慷慨。我關心動物。我喜歡自己笑著時鼻子皺起來的樣子，也很有幽默感。雖然我並不總是這麼覺得，但我知道我的感受性是一種天賦，這對我的工作有幫助，也讓我能夠當個益友。我在自己身上下功夫，試著學習與成長。我來到這裡上這堂課（或讀這本書），是我試圖成長的一種方式。」

我建議在你的晨間或夜間日誌裡加入這個練習。它是一種改變習慣的方式，從著重在「只剩半杯水」（把重點放在問題上），轉變為「還有半杯水」的習慣（專注在你的優點和完整性），並且擁抱「你就是你，這樣很好」的想法。

通往療癒的阻礙

在我們的生命中，焦慮並不是可以選擇的，而是人生的一部分。我們透過焦慮進入人生。我們正視它、憶起它，並對自己說：「我們做到了。我們經歷過了。」事實上，若你幾年後再次回顧我們人生最嚴重的焦慮，和最危急的艱難處境，它們通常會以截然不同的方式呈現……也就能給我們向前看的勇氣，並對自己說：「沒錯，那是個困難的時刻。」這樣的困難，彷彿全世界或至少全人類，都曾經陷入過。但倘若我們順勢前進，就能獲得新生。那就是生命中的信任。當你如此前行時，也意味著你在期待、也想知道，這個機遇到底代表了什麼？

——大衛・斯坦德拉修士（BROTHER DAVID STEINDL-RAST）

抗拒的特性

即使我們能夠深入接觸自己的內在整體性，並從憐憫之地，用好奇心的光芒照亮傷口，但在療癒的路程中，我們仍可能遇上阻礙。我確定你們很多人都有類似經驗，雖然開始了新的練習，例如冥想或每天早上打蔬果汁（這兩種方式對焦慮都很有幫助），但卻在一週或一個月後半途而廢。為什麼？

原因是我在前言中所提到的，抗拒的內在性格。為什麼就算成長和療癒只可能導致正向的改變，我們還是會抗拒？答案就在問題中：令人驚慌失措的，就是改變本身。我們都有一部分的自己渴望停留在熟悉、安全及可預測的國度中；抵抗著我們成長的努力的，也是這一部分的自己。

抗拒與恐懼如出一轍，它化身成一種過於懶散、害怕或疲倦的感覺，讓你因而對一些自己也知道有助於實踐高我（higher self）的行動，提不起興趣。這個部分的你，在長日漫漫之後只想盡情看劇，而不是寫日記；比起去慢跑，你更寧願窩在沙發裡。倘若你越能辨認出何時是抗拒在主導，就越能選擇抵抗它，更利於你對療癒和成長的意向。為了幫助我們理清，以下列出抗拒和恐懼的一些關鍵特徵：

- 緊緊攫住現狀。
- 必須不惜代價掌控全局。
- 害怕任何形式的改變，尤其是內在改變。

- 看似頑固，不示弱，也不改變方向。
- 在生活以完全相同的步調或習慣前進時，最覺得安心。
- 厭惡冒險。
- 對付出信任極度恐懼。
- 對「掌控」這件事抱持著錯誤的幻覺，相信只要擔心個不停，就足以避免壞事發生。
- 沒有耐心，要問題立刻解決。
- 無法忍受矛盾，思考模式非黑即白。
- 覺得用腦思考比較安全，也就是不願意在感覺的國度中多花時間。它將感覺與失控連結在一起，因為這就是人們仍是孩童時的感受；對這部分的你來說，最差勁的就是失控的感覺。
- 它在人的懶散中恣意橫生，最喜歡讓你在慣性中停滯不前。

讓我們抗拒成長的還有其他因素。成長代表的，就是在各方面為我們自己負責。我們身體裡的內在小孩，渴望其他人將我們從痛苦中拯救出來，但當我們想到自己應該肩負此重擔時，內在小孩卻會變得格外顯眼。我有很多病患已經是成人了，但他們到現在，通常還是會無意識地照著這個信念在行動。他們相信照顧他們是其他人的任務，尤其是他們的父母；也認為若自己承擔了這個責任，那麼他們的父母就再也不可能負責了。父母當然永遠都不會負責，但他們心裡抗拒的那一部分，並不想如此承認。

接下來是抗拒和自我的另一個面向：榮格心理學告訴我們，抗拒本身就是人生的一部分。抗拒不只是我們要去克服或討厭的事物，它反而會幫助我們成長，因為它為我們樹立了奮起反抗的對象。把抗拒看作是我們個性中殘缺的一部分，就如同視焦慮如仇敵般沒有幫助。相反地，抗拒和焦慮一樣，都是屬於我們自身的一個核心面向，倘若我們悉心處理，並得以有效運用的話，它就能協助我們的療癒過程。換句話說，我們能透過處理抗拒，來強化我們對自身的意識。這一切本來就渾然天成，沒有一點巧合的成分。

我們的政治場域也存在這樣的準則。無論你的看法為何，都能發現：一股引發群起與之抗衡的力量，總能帶動最大的變革。為了開始成長，我們似乎需要有個抵抗的對象，內外在都是。它協助我們將自身的每一部分，都視為幫助我們療癒及邁向完整性的夥伴，也包括抗拒。

我們有可能突破抗拒嗎？當然。我和同事有次的對話很令人振奮，談話內容是我們協助病患，突破那道阻止他們負起自己安樂責任的抗拒之牆——這方面的工作有多困難，又有多值得。表面上，這些患者都想變好，否則他們為什麼要尋求協助？然而，抗拒在暗中運作，又時常若隱若現。雖然他們想要變好，卻不一定想實踐能讓他們感覺變好的內在功課。原因甚至還更深奧：他們也許想要甘願地去做這些功課，但當他們的抗拒斬釘截鐵時，便支配了所有力量。他們無能為力。除非他們改變；除非他們下的功夫夠多，讓自己得以突破障礙，從停滯不前轉變到身體力行。

許多人過於認同過去無地自容的痛苦故事，若要從故事中的角色改變，他們會感到恐懼不已；他們寧願繼續愁雲慘霧，也不願去冒險，踏入新的故事。記住，抗拒會不惜代價緊緊攫住熟悉的事物，即便正是這些事物讓你烏雲罩頂。如果你正在和抗拒搏鬥，問問自己這個破釜沉舟的問題：「比起注重眼前這個角色，我是否已經準備好更專注在自我療癒上？」如果答案是肯定的，請靜靜坐好，聽取答案。

下面這些線索代表你正在逃避責任，並被抗拒的高牆困住：

- 你的注意力幾乎完全放在外在事物，將其視為快樂的關鍵。也許是目前單身的你，被「離開另一半的決定究竟對不對」的問題折磨著；也可能是有伴的你，反覆思考自己無法從這段關係中獲得滿足的層面。
- 你對單一問題過度偏執，已經占據你大量的時間和精力；通常是一種侵入性思維，但也可能看起來像是思考過度的問題，例如「我該換工作嗎？」或「我是不是做錯了？」

- 你覺得在療癒的路途中窒礙難行。你試過許多不同方式、計畫、課程、書籍等等，但一點用處都沒有。這往往是一個指標，告訴你你的抵抗不但正在阻止你身體力行，反而希望奇蹟發生，然後一切就可以搞定。
- 當你誠實面對自己時，卻發現你想要其他人（可能是你的母親、父親、另一半、朋友或心理治療師）來解決問題，也解救你。

我已經和許多病患一起努力，無論他們的抗拒故事有多特殊，或是這些故事占上風的潛在原因為何，我們都得以突破，也開始設法扭轉自己的生活。若你能在嘗試療癒自己、明辨出每次都試圖從中作梗的抗拒時，懇求耐心來協助你全心投入內在的功課，並且選擇採取與抗拒相抗衡的行動，你也能夠突破。

Exercise

9 處理抗拒

花點時間寫下抗拒對你而言是什麼。你越熟悉這個內在性格，就越容易在它出現時辨認出來。若你注意到是抗拒在主導，試著採取下列三個行動，來協助你突破：

1. **辨別抗拒**。我們無法改變自己未知的事物；對許多人來說，光是發現自己處於抗拒的狀態，就足以幫助他們擺脫。

2. **向更強大的能量尋求協助**。即使你似乎無法、但仍想進行內在工作的話，你可以求助：「請幫助我全心投入自我成長。請幫助我負起責任。」順帶一提，祈禱並不是專屬於宗教信仰。若你對宗教神祇有創傷後症候群的話，就向你的高我祈禱；向宇宙祈禱，向海洋、向生命力，向療癒祈禱。你甚至不需相信祈禱的力量，做就對了。

3. **運用你內在的慈愛父親**。這位慈愛的父親是你內在的陽性能量，他會告訴你：「我知道你不想，但我們還是要做。」一個健康的內在父親是果決的，他的思考清晰，既韌又慈悲，不會放任抗拒的聲音說：「我不想要。」他是會這麼告訴小孩的家長：「我知道你不想去上鋼琴、武術或表演課，但每次上完課，你都會很高興自己去了，所以我們還是去吧。」他的角色並不是強迫誰去做些本質上不是為你自己好的事，而是和最至高無上的良善相連結，並且為了這個目標奮力克服抗拒；他知道身為人類，就是會有這種根本的懶散；也知道抗拒從來都不想改變，並傾向依附著輕鬆和熟悉的事物。記得：抗拒喜歡坐在電視前無止盡地追劇，卻不願起身輕快地散個步。如果你想從焦慮重獲自由，就必須抵抗這種根本的懶散，直到這個充滿慈愛的新習慣，對你已經開始有影響力。

處理抗拒是在療癒的過程中，最困難的要素之一。雖然坦承「抗拒」本身偶爾會帶來智慧很重要；但持續充滿耐心並投入地處理抗拒、直到內心開啟一扇光明的窗，也不容忽視。因為最終那愛之深責之切的事實，是沒有人救得了你：無論是你的伴侶關係、換一份工作、搬家或搬到不同的城市，還有你的父母、治療師，都無法解救你。人生並沒有緊急逃生出口。我們必須清楚察覺抗拒掌握的一切詭計（例如偏向停滯不前的想法與習性，讓我們自身被侵入性的痛苦淹沒），然後向自己內在較為堅強的部分靠近、讓它成長，這些部分能幫我們變得完整，也受到療癒。

責任感：轉化的關鍵

為我們的安樂負責，是轉化的一個關鍵要素。倘若我們等待他人來療癒我們，或是對責備和拒絕的想法深信不疑，我們就無法療癒。除了抗拒之外，人們拒絕負責的其中一個方式，是堅信他們根本不該受苦：如果外在事物有所改變，他們就不會受焦慮折磨。如同前面討論過的，在我們的文化中，我們「內在狀態取決於外在狀況」的想法根深蒂固；如此一來，要建立不同的心態就像在逆流而上，它要求我們為自己的痛苦負起全責。「焦慮根本不該發生」的想法阻礙人們，在當下就遏止他們做該做的事。這是在挑戰現實，因為焦慮確實在發生；你每次掉進緊急出口的思想陷阱時，都會錯失療癒和成長的良機。

讓內在的慈愛家長成長

負責任的關鍵之一，是去運用掌握著我們舵輪方向的內在家長。矛盾的是，「負責」的重要一環，就是讓這位慈愛的家長成長茁壯。但我們如何運用自己沒有的東西？我們將認識到，「我沒有慈愛的家長」是不實的信念；這也是抗拒的策略之一，告訴你因為你的內在成人並不存在，因此無法為自己負責。

但我們每個人都有這個部分。當友人需要幫忙時你伸出的援手，就是在運用你內在那深具惻隱之心的朋友。每次你為兒女挪出慈祥的空間，去感覺他們的感受時，就是你的內在家長在作用。每當你和自己的慧心、也就是比思想和感覺更深奧之處建立連結的時候，就是在接觸自身的慧心。每當你以仁慈與專注的方式，去照料自己的身體、心理、心智或靈魂時，就是內在的慈愛家長在行動。你在照顧寵物時，就是一個滿懷慈悲的照護者。

自身的慧心與內在家長，就是你自己心中那堅強並充滿慈悲與好奇心的部分，在身體、感覺、思考和心靈的四個領域中，都悉心照顧著你。他是你能運用智慧來抵抗虛假的想法、耐受情緒的痛苦卻不被其吞噬，也得以用有效的方式來處理抗拒的那個部分；如此一來，你就能每天找出時間，持續實踐你的練習與內在功課。

若有人開始試著改變消極的自言自語，就會發現他們永遠不會對自己的朋友，說出他們自言自語的那些內容；這是非常好的開始。下一次當你覺得悲傷或焦慮時，想像一下如果你的朋友或某個孩子也是這樣的話，你會如何回應他們？對話可能這樣進行（對話日誌的方法請見附錄B）：

恐懼：我好害怕，我怕我可能得了不治之症。

朋友：噢，聽起來好嚇人，你怎麼會這麼覺得？

恐懼：不知道，我就是覺得最近怪怪的。我一直想著有什麼事不對勁，我覺得是我的直覺，我就是打從心裡知道有什麼事情不對勁。

朋友：我知道那種感覺，有時候我也會有那種感受。但我會接著試著深入一點，看是不是有任何其他正在發生的事情，我卻不想去面對或感覺，像是有沒有我覺得自己把它推到一邊的事？最近有發生什麼讓你害怕或難過的事嗎？

恐懼：有，我有個從小到大的好朋友，剛被診斷出得了腦瘤。我覺得她過不了這關。

朋友：天哪，我很遺憾。聽起來很嚇人，也很令人難過。

恐懼（現在又帶著一點悲傷）：對，我很傷心。我為她的小孩和先生難過，也只想得到她一定很害怕。

沉默：身為一個好朋友，當純粹的感受浮現時，會為沉默騰出空間。

恐懼與悲傷：天啊，我真為她難過，我自己也覺得害怕。假如發生在我身上怎麼辦？

（這個角色想要逃離去感覺純粹的感受所帶來的脆弱。）

朋友：我一聽到「假如」，就知道我們已經踏入焦慮的地盤了。我知道那個想法真的很可怕，但讓我們回到感受本身吧。你能繼續面對悲傷和脆弱嗎？讓我們把手貼在心上吧。（把手放在胸口）

正在哭泣的悲傷與不確定感：我好傷心，人生真的很難預料。我們還能相信什麼？這種事怎麼會發生在這麼年輕的人身上？我要怎麼辦？

朋友：你只要去感覺就好，讓自己去感覺。悲傷是解藥，除了去感覺悲傷，我們也不需要再做什麼事了。

你可能會想，「我永遠都不會知道怎麼對朋友說這些話。我沒那麼有智慧，而且有時候，我根本連要說什麼都不知道。」你只要從現在的你能做的開始，盡你所能地帶著慈悲與好奇，給自己回應。記住，當你能夠從懷抱著羞恥和評判的心態，轉變為滿懷慈悲和好奇心的想法，就已經是步上軌道了。所以，即使你不會精確的用語也沒關係；重要的是每次你在評價自己或被羞愧的情節影響時，都能開始謹慎留意，也願意轉換成另一種嶄新的心態，讓好奇心成為你的指引，慈悲心成為你的支柱。

注意：我會交替使用自身的慧心、內在家長或慈悲的朋友這些詞，但我鼓勵你使用你最能產生共鳴的詞彙。

Exercise

10 找出你的內在家長、自身的慧心與慈悲的朋友

花一些時間思考，寫下在你的生命中，任何你能夠把握當下、專注且清晰地為自己挺身而出的時刻。比較容易的方式，是你也可以找出你成為他人慈悲的朋友的那些時候。再

強調一次，你能為別人這麼做，表示這些能力和方法存在於你自身中，需要的只是適當的照料，才能成長。回憶一下，當你傾聽朋友時，內心感覺如何、會說出哪些話，朋友又是如何回應你的？若你找不到和友人共享的特殊時刻，就想想看你是如何對待你的寵物的：你怎麼照顧毛小孩，做了什麼犧牲？在牠們受苦或感覺哀傷時，你怎麼回應？任何時候，只要你帶著惻隱之心為其他人站出來，運用的就是內在這個部分的你，我們稱之為自身的慧心或慈悲的朋友。學著找出並運用這個部分，就是從焦慮解脫的關鍵之一。

完美的緊急逃生出口：逃避責任的一種方式

我們有很多方法能迴避痛苦，也因此避免了責任。我們可以選擇否認，能用藥物和酒精自我麻醉，又或是可能受恐懼潛藏卻很有說服力的看法影響，認為轉向內在是「自私、自我放縱的，讓你哪裡都去不了。」我們迴避痛苦，是因為我們生活在教人迴避痛苦的文化中。我把痛苦視為一個廣泛的概念，指涉我們企圖逃避去感覺及令人不自在的所有事物。我們迴避痛苦，是因為不知道轉向痛苦是通往喜悅的祕徑。

對大部分人、尤其是傾向焦慮的人來說，迴避痛苦的預設方法之一，就是逃到你心智中安全的區域，讓痛苦找不到你。在那裡，你坐在強迫性思維的巨型織布機前，忙著編織由「要是」和「但願」兩個想法交織而成的網，每一條線都讓你繼續陷在對未來的焦慮，以及對過去的後悔裡。在那裡，悲傷找不到你，你就像〈精靈小矮人[5]〉裡的女孩一樣，迷失在內心城堡頂樓的角落，不停地編織你的金線。只不過，這些並不是金線，它可能像黃金一樣閃耀，可能像黃金一樣讓你受到引誘；但被困在心智的冰冷房間裡，實在毫無金碧輝煌可言。這裡很安全

5 譯注：精靈小矮人（Rumpelstiltskin）是格林童話中的一個故事，最早由格林兄弟於一八一二年收錄。內容講述一名磨坊主人對國王撒謊，說自己的女兒可以將麥稈織成金，國王因而召見了女孩，把她關進放著麥稈和紡車的房間，要求她在隔日清晨前織出金線，否則就要被處死。正當她感到走投無路，一個小矮人走了進來，宣稱可以幫助她，但最終的條件是要女孩把她生下的第一個孩子送給他。女孩和國王結婚生下第一胎後，小矮人來到她跟前，說：「請把答應的東西交給我吧。」王后很吃驚，對小矮人說假若能讓她把孩子留下，她願把自己所有的財富都送給他。小矮人拒絕了，不過做出讓步，說只要王后能在三天內猜出他的名字，他就不再索要孩子。一開始，王后總猜不對，不過在最後一個夜晚，她的使者發現了小矮人藏在山中的小房子，並聽見小矮人自己說出：「沒有誰知道我叫龍佩爾施迪爾欽！」當小矮人再次來找王后時，王后說對了他的名字，龍佩爾施迪爾欽輸掉了賭注，憤而離開。

沒錯，但是毫無生命力，更別說富足、圓滿。這裡只是一個你因為從未學過照料痛苦的方式，才別無選擇來到的地方而已。

在這部織布機上，除了以侵入性思維的形式顯現出的焦慮（如果我要死了怎麼辦或如果我待錯城市呢？）以外，那些緊急逃生出口的織線也被編進心靈的布匹。所謂的出口，可能是「我不可能成為母親」或「等我拿到學位、生了小孩、遇上對的人，我就會快樂」。每個人都有這些逃生出口的織線，對他們的內在風景來說，這些織線就像呼吸一樣熟悉。而且，幾乎所有這些想法，都和企求完美的線條相互交織。從中沉澱出來的，是一個單純卻很有影響力的信念：「如果我是完美的，就能避開痛苦。」類似的想法還有：「若我和完美的伴侶在一起，就能擺脫痛苦」；或是「等到我找到完美的房子、城市或工作，就能迴避痛苦。」

埋藏在追求盡善盡美之中的，是對確定性的渴望。自我相信達成完美就是一種保障，以抵抗人類生活必然的不確定性。然而，完美當然永遠不可及，因為它根本不存在。即使我們清楚地知道這點，某部分的自己還是怒斥這個現實，仍然繼續嘗試。我們創造了更細緻卻複雜的方法，來逃離身為人類的混亂和不適感，也逃離了「人生必然有痛苦、失去和最終的死亡」這個迴避不了的現實。

痛苦的片刻，可能像羽毛掉落在內心的緩衝墊上一樣悄然無聲。有天我坐在外面時突然有個想法：「我想搬家。」我太清楚自己在想什麼，所以馬上意識到從二〇一三年九月，發生在我們科羅拉多州的洪災開始，它就變成了我的緊急逃生出口；那次洪水讓我們的世界天翻地覆。在山洪爆發前，我就曾想過要搬家；但在我們失去了土地、更幾乎失去房子之後，我體會到完全不同層次的不確定感，並急切地想要再次擺脫它。現在，「我想搬家」這個想法，或是完美房子的影像，就會隨著這些苦惱接踵而至。

那一刻，我並沒有執著與放任自己沉溺在那個想法中，並上網搜尋「完美」的新房子（但我一直很想這麼做）。我反而大聲說出：「沒有完美的房子。」我辨認出自己的防禦機制，也藉此讓悲傷得以浮上表面。有時與悲傷互相連結的是當下的情況，有時卻是一種無以名狀的哀痛，彷彿一條地底河流般，流經我們人類的生命。在大聲說出對完美的幻想之後，我重返內心，去探尋痛苦的根源。是的，就是那裡，呼吸吧！

我做出判斷、呼吸，然後去感覺。在辨認與感覺的時候，最表層的防禦平靜下來，成為愉悅的滿足。在那裡，所有的經驗與情緒都和諧共存。我不是因為繞過痛苦才找到快樂，正好相反；我在內心為痛苦挪出空間，並藉此反轉我習慣幻想的緊急逃生出口——要是有別的完美房子，就能為我解除身為人類的痛苦。

每當你明確辨認出自己的防衛機制時，就是從焦慮的思考框架脫離，進入當下此刻的內心空間。正是在這個空間裡，透過負起責任和擁抱生命的行動而非迴避，才能開始療癒。

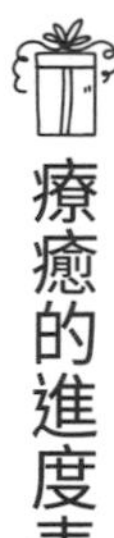

療癒的進度表

我們在這條路上持續前進時，還有另一個可能干涉療癒焦慮的障礙，就是我們對療癒的時程表的期待；而擁有能夠精確辨認它的能力，也很重要。在我們線性與成就導向的文化中（再加上一點還在健康範圍內的追求完美）。我們會期待自己一旦看了什麼書、實踐了某種練習，就能在幾個月內被療癒。然而，療癒依循的並不是文化的進度表，而是心靈的時間安排，是循環、波動，也是神祕的。

我們的學習和療癒有起有落，圍繞著我們真我所在之地的中心旋轉。當我們身處於成長的循環之中，就會將自我的層層恐懼燃燒殆盡，並接觸到安樂的核心位置，駐守在那裡的是平靜和清晰。我們的心是開放的，充滿生氣；對於愛，我們能夠自由自在地接受與付出。這是身為人類的寶藏，我們多想永遠在那裡逗留！但可惜的是，當我們那個恐懼又以抗拒的形象呈現的自我，意識到我們成長得「太多」，或是學得「太快」的時候，就會像牛仔競賽前的公牛一樣地反抗。突然間，我們會覺得一切又回到起點。然後，當我們跌落到低潮的時期，如果我們總是狀況外，無法了解療癒有自己的循環的話，恐懼的心智也許輕易就能抓緊這些低谷，用來佐證我們當時的焦慮。

我常常從課程學員和網站上的意見，被問到這些有關舊疾復發及面臨挫折的問題。然而，我並不將其視為挫折；當恐懼的自我，帶著更強烈的情感介入，試圖說服你成長並不安全時，才更是如此。我已經解釋過，這個部分的我們害怕成長，因為它為自己的生存擔憂：我們每朝著真我成長一步，恐懼的自我就會凋零一些。沒有人想死——即便是我們看不見、摸不著的心靈中的某些部分也是。

因為我們生活在線性的文化中，所以也會期待成長呈線性進展。我們踏上療癒之路，預期成長曲線會向上展開，就像人生中的其他一切，或是文化所傳授的一樣。雖然這也許是文化訓練我們去期待的道路——幼稚園結束後上一年級；一年級結束後上二年級；一定要先結婚、買房子，接著再生小孩。但實際上，現實生活並非如此。事實上，要是你仔細觀察，就會發現在人生中，很少事物是依循線性發展的。我們會朝著伴侶越靠越近，然後又退縮。我們覺得和更高層的存在有所感應，愛上我們的靈性道路，接著卻心生懷疑。我們以為找到了自己的「志業」，卻在投入這份工作的幾年後，才發現我們迫不及待想做其他事。

在你必然將體會所謂的舊疾復發時，請提醒自己，你已經準備好進入下一個層面的學習。

請謹記漠不關心也代表著空虛，經歷了空虛，才會成長：在冬天的「一片死寂」中，它的靜止看起來很冷漠，但它正在讓地球為春天的生氣蓬勃進行準備。倘若你能避開這個陷阱，不要把空虛感、漠不關心或是麻木，視為你外在的人生有問題的證據；並反過來與空虛感並肩而坐，不要賦予它任何意義的話，你就會再次找回明朗。明朗不一定就是快樂，但它的確代表著對自己的責任感，也是我們安樂的所在之處。

Chapter 4 轉化

換句話說，改變是視外在情況而定的。然而，轉化是發生在內心裡的。你得經歷的並不是這些事件，而是為了將這每一項改變融入你的生活，所必須的內在重新定位，及對自己的重新定義。倘若沒有轉化，改變就只是更動一下家具的擺設而已。除非轉化發生，否則改變是沒用的，因為改變缺少了「內化」。

——威廉．布瑞奇（William Bridge）《轉化：讓生命的改變有意義》（*Transitions: Making Sense of Life's Changes*）

如果沒有談到轉化，那麼我們對焦慮的討論就無法透徹。即使有些人能在人生起變動時與世浮沉，但大部分人在經歷像死亡經驗這樣的改變時，死亡會留下未完成的轉化，尤其若在那當下，此經驗所引發的悲傷沒有完全處理好的話，則會埋下將來痛苦的種子；改變可能帶來嚴重的混亂。因此，療癒焦慮的一個重要步驟，就是有意識地去經歷轉化的過渡時期，並且朝著彌補過去未被療癒的轉化，所引發的效應前進。

轉化是心靈的裂痕，當我們生存的世界開始崩裂時，古往今來的痛苦都會透過這個裂縫浮現。轉化是強而有力的，可能出現的新事物將充滿潛力。在這個無所適從的強烈狀態下，我們可以選擇更自我封閉，讓包圍內心的防護罩愈加硬化；或是把自己交給像柔軟的感覺，它像一隻從裂縫中伸出來的手，邀請我們開始做主，進行療癒。

在經歷人生的重要里程碑時，大多數人或多或少都覺得難熬——從幼稚園、青少年時期、高中畢業後上大學、大學畢業、開始工作、結婚、生小孩，到買房子。由於失去和死亡確實存在，因此凸顯出生命稍縱即逝的本質；那些比較敏感的人因為強烈意識到這一點，因而能比一般人更敏銳地感受到，每日之死與新生的過渡。這代表轉化可以是稀鬆平常，但也可能意義重大；黎明黃昏、週年紀念、季節轉換、生日——為了安樂的存在，這些都需要受到尊崇及感激。人處在轉變中時，會感到悲傷、困惑、生氣、迷惘、驚恐、害怕、麻木、寂寞或脆弱，都是正常合理的——即便轉變的方向是愉悅且正面的，例如結婚，或是搬進你夢想中的房子。

大多數人對於轉化缺乏基本認識，不清楚轉化能夠幫助他們將上述的感覺放入情境中考慮，並去理解、接著讓那些情緒好好地過去。從文化上來說，我們著重在轉化的外在（籌備婚禮、添購汽車座椅、打包裝箱），而將內在領域排除在外。即便外在的事物很重要，但如果我們逃避，沒有有意識地去調適在轉化期間引發的情緒的話，面對新的生活，我們盡可能得體地適應的機率也會降低。這將導致長期的負面影響，不只是在轉化當下，卻可能涵蓋我們的生活，也可能造成焦慮逐漸增長。

轉化的三個階段

每一次的轉化，都會經歷下面三個時期：

放手。在這個時候，我們和舊有的生活分離，為失去而悲傷，也同時表現出對新生活的害怕和期待，以及探索。

過渡期或稱不安定狀態。當我們已經和舊生活分離，卻尚未建立新生活時，我們正處於轉化的不安定區域。這是一個讓人極度不自在的地方，特徵是感覺麻木、迷失、沮喪，以及失控。

重生。在這個時期，我們擁抱新生活與新身分，感受到自信、自在，對於全新開始所帶來的成長可能性，感到滿心雀躍。

每一天、每一年，每個人都會經歷多次生活上的轉變；只要有簡單的訊息和意識，就得以將這些焦慮又折磨人的事件，改變成肯定生命的轉化經驗。我們習慣性地認為轉化是困難的、負面的；然而大多數人無法意識到，這些可預測的人生週期事件裡潛藏的，是讓我們逐漸接觸自己的恐懼和悲傷的機會；藉此，我們才能一次比一次，進入更深層的療癒。與其盡可能奮力疾速地突破轉化，倘若我們能夠擁抱它們，將受益良多。（畢竟我們都身處於生命的轉化之中，就介於出生和死亡之間；只是有些轉化比另一些轉化更醒目、更突出而已。）生命一直在變，如果我們帶著成長的打算接近轉化的話，最終將能夠學會如何心懷感激地接受現實。最重要的是，若你是有意識地經歷如此轉化，你將獲得絕佳的機會，得以褪去一層造成焦慮的心態、信念、行為模式，或是習慣。

我們的文化不討論的轉化

透過不切實際的期待和錯誤訊息而培養出的慚愧感，會使焦慮惡化。我們的文化認為對於人生中必然存在的無足輕重的失去，也就是那些很少人會說出來或討論的微乎其微的時刻，我們不應該為其傷心。若對文化期待有所回應，那麼我們內心的田野，就已經準備好要播下名為自我懷疑及慚愧的種子。這說起來就很像：「每個人好像都為了接下來的週末假期很開心的樣子，可是我卻覺得傷心害怕，我猜是我有問題。」或是「每個星期天晚上，我的胃都好像在翻滾，但我從沒聽說其他人也會這樣，所以我猜是我有問題。」一旦「是我有問題」這個句子進入你的內在對話，你距離將隨之而來的焦慮，就只有幾步之遙了。

作為一個文化，我們急切需要更多語言，來述說在我們的生命中，既明顯又細微的更新突破點。你必須知道會有些時候，強烈的空虛感將傾巢而出，像是你在長日將盡時，從黃昏般的崖壁，往前眺視暮色的深藍廣闊海洋。人們傾向逃避——尋求某事物或哪個人能把它帶走。但當你知道空虛感是正常的，你甚至能夠約略感覺到悲傷湧現的原因，你就更容易記得坐定，用呼吸伴隨悲傷，直到悲傷過去，強大的充實感油然而生。當我們不知道該期待什麼時，就會落入我們的預設模式——羞愧與焦慮。

讓我們來探索一些這種微小的時刻，讓你得以開始注意，並且說出許多以其為中心，而可能受到攪動的情緒。首先，晝夜的交替，以及每年夏季轉入秋季的時刻，都不偏不倚地擊中我的心。如果我不正面呵護它，它就會以焦慮的形式反撲；但倘若我記得以生命的節奏面對生命，沉澱進入這個年復一年卻細微的轉化之中，我就能在生命的洪流中繼續前行。

光明消逝

光線漸暗，時間流逝，轉眼我的大兒子已經十歲，嬰兒不再是嬰兒了，懷孕待產的時刻已過去。我看見一個即將臨盆的女人，卻突然意識到這已經是十一年前的事；我記得我懷孕的時候，肚子裡充滿希望和愛，好像接下來的每件事都將是新奇且令人興奮的。那時候也有痛苦，但現在，喜悅和期盼從過去飛向現在的我──產生了另一層認知：生命中的某階段已經結束。噢！人生。噢！這個敏感的心靈，對於光陰經過，以及時間是如何持續前進的，擁有敏銳的意識。

光線漸暗，時間流逝，又到了我生日的這個禮拜。即便過去幾年來充滿著更多智慧和沉著，為什麼生日還是會帶來悲傷呢？原因不在於生日本身，而是其中的轉化──對舊的日子放手，新的日子才能見世。有新生，也有死亡。這是轉化和過渡儀式的法則。這是努力的重心，我最濃烈的熱誠；然而每一年，我還是會感傷時光變換，和那一小時的光明逐漸黯淡。

我先生說：「這是憂鬱的時刻，而且很美。」一股強烈的憂鬱湧進他身為藝術家的靈魂中。比起我來，他似乎更能接受光明消逝。我認為我在時節轉換之際出生，並不是巧合。榮格派的心理分析師瑪麗恩・伍德曼（Marion Woodman）說，我們在經歷轉化時，和我們來到世上的方式非常相似（早產、晚產、剖腹產或自然產）。也許我們心靈的強烈渴望，也和我們出生的季節有所關聯。我知道有人樂於接受黑暗，認為幾個月的與世隔絕對他們來說，如魚得水；雖然我也不例外，但我花了一點力氣才到達那個境界。

我先生又說：「這是失去的時刻。」提醒了我自己所教授的一切。此時，是過往的失去，緩緩浮出意識表面的時候。他失去了父親，我失去了祖母；祖母的生日也在這個禮拜。我想念她，感覺得到她現在很靠近；我閉上的雙眼看見了她的玫瑰，感覺到她在大門招呼我的那抹微笑的光芒。我吃著她做的烤雞和四季豆，還有從祖父的菜園採收的新鮮沙拉。她曾是我的天使，現在仍然不變。

我傾聽我的患者，聽見他們許多人對失去的悲傷共鳴：祖父去世、一段沒有開花結果的戀情、對父母親的回憶已經不復清晰。我們牽著手走過這條出生的通道，所有人都在照顧人類的靈魂；因為失去是我們人生在世的一部分，人類的靈魂必須承受。對我們這些已經熟悉轉化的人，時節的改變是一個入口，我們為了通過它而壓縮自己，不自在地扭曲著，以配合其節奏。

對於這樣的不適感，有一個可行的寬慰之道。悲傷就是一帖自然、心理與靈魂給我們的解藥，讓我們面對失去。我看著逐漸黯淡的光芒，最初感覺到的空虛，在眼淚像雨水一樣流進我內心的井水時，立刻就變成了充實感。我哭泣、書寫，把自己交給眼下的真實。和大自然沒什麼好爭的（四季的更迭、時光的流逝），不管人類在這個壯闊的美麗星球如何努力，我們永遠都無法改變自然的法則。它一直在教導我們它的節奏：也就是當我們投降，且任由自己感覺悲傷的時候（指的就是靜止下來的時間，久到足以累積並釋放眼淚）。我們就會獲得一個機會，去呵護那住在心中的悲傷。在日照時間長、溫暖又活躍的季節中，我們很容易就能逃避悲傷。而到了白天越來越短的日子，示意著轉向內在的時間已經開始，該是時候和心中那聖潔的脆弱之地緊緊相依，接納空虛感，讓來年春天重生的新種子，在這休眠的時節孕育。倘若我們將呼吸專注在黑暗中，而不是逃避，我們就會記得，沒有什麼好怕的。當我們遇上它時，能夠將空虛感轉變為充實感，也把可能的焦慮時刻，轉變為珍貴的一刻。

週日焦慮

有些人童年時覺得上學很痛苦，或是長大後為了工作而煩惱，而週日焦慮，就是讓他們備受打擊的共同經驗。這種焦慮襲來，是因為我們知道週一得面對一種現正引發焦慮的生活，不然就是它會讓我們想起過去的痛苦。幾年前，我治療過一個格外受這種焦慮折磨的病人。她並沒有直接承認，而是把這樣的焦慮投射到一面她已熟悉的螢幕上——也就是她先生的臉孔，同時心裡播放著一首已經可以倒背如流的背景音樂，歌名叫做〈還不夠〉。她會分析他們的一天（我們夠不夠親密？），分析他的臉（夠不夠帥？），接著分析她自己（夠不夠好？）。最終，她得以辨認出自己這個高度警戒的部分——就是這個部分，在對可見範圍進行審查，追求著潛藏的危險。

我們討論的時候，我鼓勵她，為她高度警戒的星期天焦慮起一個名字——某個已經陪她走過數十年人生的人的名字；該是時候邀請他走出黑暗，讓他成為活生生的角色了，這麼一來，他才不需要拐彎抹角地出現，用力敲打後門來吸引注意力，對她親切的丈夫態度嚴厲。她一取好名字，我就鼓勵她採取先發制人的一擊。與其等到下個週日，焦慮又準備播放那首名為〈還不夠〉的歌曲，不如先邀請他光明正大的進行對話。接著，她就可以直接和焦慮對談，問他需要的是什麼？讓慈愛的內在家長主導對話，他們是否需要倒轉時光，回到孩提時代，那些學校就在眼前的痛苦星期天？這對慈愛的家長和幼童，是否需要一起坐在單人床上，讓小孩和大人分享她的故事，並把頭埋在她想像的寬厚肩膀中哭泣？在病患找出她的週日焦慮，並開始進行對話之後，便解析出焦慮的核心需求（她需要時間和空間，再訪她過去的悲傷和寂寞），因焦慮而產生的投射現象，就這樣消失無蹤。

在週日晚間的交界地帶，這片人跡罕至的水塘顯露出自己，靠近它需要勇氣。你要相信自己可以處理好在那裡的發現，也需要勇氣。你要成為自己的朋友，當苦痛太劇烈，你無法獨自一人承受的時候，這個朋友能夠懷抱你的痛苦，一起尋求療癒——這更需要勇氣。

晨間焦慮

我們對害喜、晨吐這個詞都非常熟悉，但很少人會討論到另外一種普遍的嚴重問題，也影響著我們多數人——晨間焦慮。我的患者和學員若患有焦慮症，他們很常說早上起床時胃裡好像打了結，食不下嚥，因為又得一整天面對自己的焦慮心思，而感到恐懼。而他們共同的問題是：為什麼？為什麼焦慮的情況在黎明時分最嚴重？

早晨是交界的時刻，是在夜晚與白天之間，容易受傷害的一刻：此時，我們身處兩種存在的狀態之間：介於夢境發生的潛意識，以及白天的意識狀態之間。交界地帶的特徵是感到脆弱、失控、迷失感與不確定感；是我們所熟悉的生活的基石崩落，而我們被遺落在海洋中四處漂流，沒有羅盤，也沒有船舵。

黎明是陰（女性意識）的時刻，我們日常的防禦會軟化，一扇心靈的入口為我們開啟。黎明是溫柔、流動且圓融的。在健康的心理狀態下，這種輕柔能夠啟發創意及靈性的開端；通常就在此時，詩詞創作或創意點子，會從那黑暗且神聖的心靈世界，冒出頭來。面紗被揭開，我們因此得以看清事物的本質。

當你在焦慮狀態時，黎明這段時間因為沒有在平時的忙碌日子中，通常會讓你分心的那些事物，因而給了你一個窗口，去仔細端詳你的焦慮。在你喧囂繁忙的日間，焦慮的訊息可能必須用力敲門；但現在在早晨的寧靜中，它只需輕扣幾下，你就能夠聽見。由於人們對焦慮的習慣性反應是放棄、逃跑，因而面對晨間焦慮的主流建議，就是要你起床，開始動作。當然，這就是許多人，在面對他們所有的不適感與「負面」感受時，所接收到的相同訊息：克服、起床、開始動作、動一動、沖個澡，然後開始過你的一天。

相反地，我要求你鼓起勇氣；當你提醒自己，焦慮來到這裡，是為了傳達某個攸關你自身的重要訊息時，請你走進晨光的朦朧入口，帶著好奇心探索焦慮。若你試著忽略，它只會在接下來的一天裡，變成侵入性思維和與其相應的身體症狀，如影隨形。既然你無法逃避，那就試著擁抱吧。

從我有記憶以來，我的床頭桌都擺著日記；在夢境或清晨的靈光一現可能逃逸、迷失在我漫漫長日的大海裡之前，我會寫下來。倘若我以與內在建立連結、為心靈騰出時間來開始我的一天，接下來的時間就會進展得比較平靜。即使在我二十幾歲，歷經自己心靈暗夜的深處時，我都會以某種方式轉向內在，來開啟及結束我的一天。再說一次，要面對這些內在領域、特別是在焦慮特別明顯的時候，是需要勇氣的。但請記得，如果你不滿懷關愛地面對它們，它們就會找到某種方式（通常是透過越來越引起恐慌的侵入性思維，以及其他的不適症狀）來逼你面對。當你轉而面向你的恐懼，而不是等著它來捉你時，你就又朝著讓你的內在家長成長，並減輕焦慮對生活的掌控，更跨進了一步。

對早晨開始時所展現出來的焦慮，你會探索到什麼？

11 面對在轉化的裂口時，所浮現出的一切

在一天的開始或結束，在你遠離平板電腦、手機和人群後，花點時間獨處，至少五分鐘。讓自己好好駐留在這介於意識與潛意識、陰與陽之間的暫停片刻。

倘若你注意到渴望或是悲傷藉由這過渡的裂痕浮現，請考慮接近它，而不是將它揮散。留意你對這個感覺有什麼想法，接著溫柔地將注意力放在它身上，彷彿它是精靈，或一顆珍貴的寶石。

在這個刻意的交界時刻，請信任自己身體的導引。你可能會想做一些舒緩的瑜伽；也可能想翩然起舞。你也許極度想要坐在打開的窗邊，聆聽風聲或觀賞星星。你也可能被月亮吸引。

當你發現自己與月亮面對面時，請聽取它的智慧。留心可能湧現的創作詩畫的靈感。相信那些渴望流露出來的感覺；注意渴望，依循著自潛意識漂流到意識的影像。即使你覺得累，真的「應該」上床睡覺了，也要找一個方式抒發顯露出的事物。書寫、畫畫、跳舞、呼吸，或什麼都不做。甚至連你沉浸在月光中、映在窗户旁的剪影，都是靈性的表達。單純做你自己就已經足夠。

月份與季節

蟋蟀在草叢裡唱歌，牠們在夏日末期唱歌，一首悲傷、單調的歌曲，「夏日已離去，已結束，」牠們唱道，「已離去，已結束，已離去，已結束，夏日步向死亡，步向死亡。」

蟋蟀認為告誡大家夏日已漸漸離去的消息是牠們的責任，甚至是在一年當中最美的時候（當夏日要轉換為秋季時），蟋蟀仍舊散播著悲傷和蛻變的傳說。

——懷特（E. B. White）《夏綠蒂的網》（Charlotte's Web）

雖然轉化可能很艱難，因為它們照亮了我們卡關的地方；但倘若我們去適應年節的步調，當悲傷或脆弱的核心感覺浮現時，我們就不只得以辨認，還可以進一步處理，更能夠駕馭自然世界賦予我們的智慧禮物。任何幫助我們依循更深層的步調走的一切，都能夠平息並包容我們焦慮的心靈；我們的心靈最渴

NOTE ▶　我所畫的季節更迭的弧線，追隨的是北半球的腳步。若你住在南半球，則需要更動一下季節的排序。

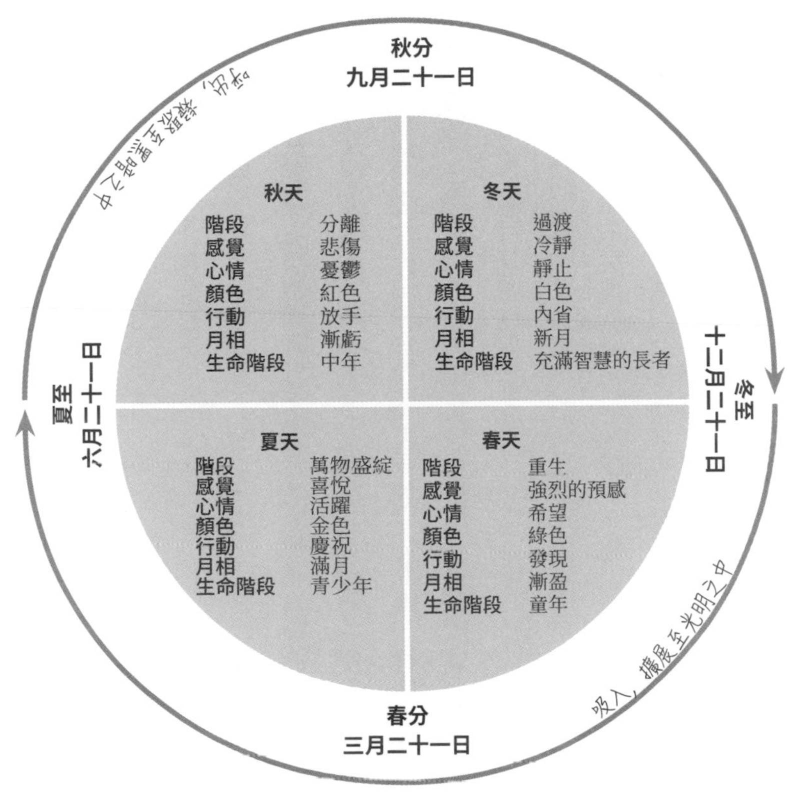

圖一　季節的轉化

望的，就是知道我們是安全的，並且相信一切都好。不管怎麼說，我們也都還是動物；然而，由於科技進步，文化的發展也越來越快，我們變得和自己的動物天性與靈魂，越來越脫節。我們正在遺忘如何和自然世界以及季節一道生活。我們忘記大自然能在此生的旅程中伸出援手，也忘了季節更迭也是我們的夥伴，能在沿途給我們幫助和線索，正如同各國偉大神話中的描述。圖一可以幫助你，將每個季節的邀請視覺化。

秋天：放手的季節

秋天的氣息或感覺乘著夏日微風到來，我們都經歷過這樣的時刻。天氣可能因為留有夏天的一絲滋味，所以還很熱；然而，吹拂著轉變的風，暗示著一個新的季節來臨。雖然夏季表定的起始日是六月二十一日，但夏至也是轉變的標記，從日照時間越來越長的日子，漸變為日照時間越來越短的日子，也因此造成了所有轉化特有的矛盾；在我們越來越向盛夏時光的極致拓展時，漸漸變短的白天卻也正在縮聚，直到秋季與冬季交接。從這種意義上而言，秋季一直都在夏季奔放的生氣中呼吸著。

冬天是反思的季節，春天是重生的季節，夏天是慶祝的季節；而若要說明轉化的重要特徵，秋天是最經典的季節。在秋天，我們遵循大自然的作為，來問自己關於任何生命中的轉化，那個最核心的問題：「我需要放手的，是什麼？」也許是你擔憂或焦慮的習慣性想法；也許是對另一半吹毛求疵與批評的傾向；也許是對孩子發怒，又或許是你內心的批判，那個聲音不斷告訴你「你不夠好」。倘若我們選擇有意識地著重在需要被解放的事物上，無論它是什麼，都能和秋天的落葉一樣，被風吹落地後，分解進土壤裡。

秋天這個時節，往往也是回憶在情緒化的體內滿上心頭的時節。在小孩上學的第一天，你也許會想起自己童年裡，那些剛開始上學的日子。不管這些回憶是好是壞，你都可能會發現自己在懷舊這個悲喜交集的國度中暫時駐足；此時，你對時光流逝的意識變得強烈。又一個夏天結束了，又一個學期開始了，又一個近在眼前的秋天。如果回憶是快樂的，你也許會在快樂的感覺裡稍留片刻。如果回憶是痛苦的，這是一個允許你內在感覺擴張的契機，這些感覺將結成淚珠，你也留意到淚水是如何流過雙頰，彷彿外面的落葉。在葉子改變顏色之際、當你坐在霹啪響的爐火前，或是看著薄暮時的金色陽光灑在庭院裡的時候，問問你自己：「現在，我該放手的，是什麼？」答案浮現時，就將它拋入葉子、爐火和陽光中，讓秋天幫你放手。

九月的焦慮

稍微涼爽的空氣、看見開學用品在商店的貨架上整齊地排排站、校車聲、秋天的葉子，還有長日將盡之時失去的光明。每年約莫這個時候，我的病人會說他們夢到自己出現在學校，但是沒穿任何衣服，或是忘記準備考試。

九月為什麼會帶來焦慮？理由之一，是因為它讓我們想到學校。如同我們在第一章討論過的，對許多人而言，他們的自由、創意、對學習的愛和社交熱情，都是在學校受到打擊，更常是遭到抹滅。我經常想到祖父母在紐約北部上的學校，只有一間教室。在一九二〇年代，上學是奢侈的；在這裡，農場的孩子可以逃避農務、學到基本技能，幫助他們自我提升、考上大學，接著保證會有工作，就得以遠離農場生活那些既單調乏味、又耗費體力的農務（我覺得有趣又諷刺的是，近年來有一種「回歸土壤」的運動，不知道爺爺奶奶會說什麼）。雖然師資良窳還是得碰運氣，但我可以想像在大部分時候，小孩子對上學這個體驗，是有所期待的。

近來卻不一定如此，我就是一個例子。我直到六年級都很愛上學，但在我七年級得換學校時，我經歷了人生第一次失眠。加上有了考試和成績之後，我對學習真正的熱忱，變成了成功的壓力。我第一次見識到社會階級和各個小團體（分類的依據似乎有很大成分是穿著體不體面），我的社會適應，被取悅別人的需求所取代。即使學校曾經是充滿喜悅和自由的地方，現在卻感覺像監獄一樣。九月曾經是令人興奮的時節，我迫不及待地想使用新筆記本和剛削好的鉛筆；現在它卻令人滿心畏懼。

比起我從很多患者那邊聽到的，我的上學經驗簡直不值一提。我有些為焦慮和自我懷疑所苦的病人，好不容易才找到我這裡；但其中居然有這麼多人在學齡時期因為霸凌而飽受折磨，我為此感到驚訝和心碎。若我得給個粗略的估計數字，我會說在我的病人和學員中，至少有百分之七十五曾經受到霸凌。為什麼會這樣？因為霸凌者的目標，通常都是纖細、聰明、多思慮及內向的孩子，這些用來形容我的患者再貼切不過了。也許霸凌者本身就是高度敏感的孩子，他們在很小的時候，就因為自己的纖細而被批評、羞辱與踐踏，因此無法容忍其他人的感受。無論原因為何，若你在情感上受過同儕的傷害，之後的人生就很難再信任他們，甚至更難再相信所謂的人生。在你心碎過後，就很難確定心不會再碎一次。在秋季剛開始時，可能浮現出的就是這種舊傷。

除了就學焦慮之外，九月也預告了季節的轉變，我們無論在意識或是潛意識中，都已經某種程度地熟悉這種失落感。在科羅拉多州這裡，我們在八月就會品嘗到秋季初來所流露出的滋味。在白天的溫度升到三十幾度之前，晨間的空氣還是帶有涼意。有些葉子因為氣溫改變，而開始變色。親近水邊的炎熱季節逐漸轉變為更冷、更黑暗的日子時，代表著一種結束與死亡。當世界轉向內在時，心靈也亦步亦趨。這時候，能夠療癒的回應，是轉向艱難的感覺，而不是用批評、羞辱、抗拒或貶低，來將這種感覺推開（愚蠢的自我，現在還是夏天，為什麼要難過？其他人都不會傷心！看開點）。倘若悲傷浮現，我們就把呼吸專注在悲傷上。如果空虛感像要把心掏空了，我們也得把呼吸帶到那裡去。如果之前的轉化回憶在晝夜不時出現，那麼我們就應該為它騰出空間，提醒自己失去將致使失去，轉化也將引發轉化。若我們完全潛入轉化的對峙中，允許自己臣服於失控、脆弱和無所適從的感覺，允許眼淚應聲落下，並把這個經驗轉變為創意的表達，我們就能在潛意識中發現立足之地，也能找到一個非常重要的感覺——讓你知道一切都好。

冬天：靜止與感恩的季節

在秋季的放手之後，我們轉進了冬季的靜止當中。冬天是個重要的過渡季節：不再悲傷，但也還沒完全準備好重生。對許多人來說，靜止和獨處是兩種最難承受的經驗，而我們文化的專長，就是讓我們從這些狀態分心。人們會計畫、狂歡、慶祝、消費、交際，直到十二月底，我們就墜入虛無。就是在這一刻，當派對結束時，你一直在逃避的焦慮，有機會和你分享它的智慧。仔細聆聽，此刻通常是新模式、想法、夢想和創意誕生的時候。

假期的痛苦

假如你和大多數人一樣的話，那麼在假期的季節接近時，應該會覺得有點痛苦、害怕或不知所措。忙著消費、一定要喜氣洋洋的壓力，以及期盼過著諾曼·洛克威爾[6]的插畫裡，那種完美家庭的幸福情景；這些就足以讓任何人都烏雲罩頂。此外，再加上身為容易轉而焦慮或憂鬱的高敏感人格，內心崩潰和對外爆發的食譜，就擺在預備慶祝過節的餐桌上，和火雞佐蔓越梅醬放在一起。

假期本身就是失望和痛苦的開端。無論何時，只要我們期待某種感覺（幸福、與他人連結、快樂），內在的其他情緒就會吵鬧地吸引注意，直到我們以某種形式崩潰為止。如同在第二章討論過的一樣，我們面對期望時畏畏縮縮。而冀望只感受得到喜悅這件事本身，用一個詞來總結，就是荒謬。為什麼我們只為了日曆上的某一天，就在自己身上加諸這麼多壓力，逼自己只能有一種感覺？只因為感恩節、聖誕節或光明節[7]的到來，我們就把自己當成機器人對

6 譯注：諾曼．洛克威爾（Norman Rockwell，1894–1978）為美國二十世紀初重要的寫實畫家及插畫家，作品媒介遍及報章雜誌、童書與商業廣告。內容多為對美國傳統價值觀的細膩描繪，風格偏向甜美、樂觀，更加深「理想美國世界」的刻板印象。

7 譯注：光明節（Chanukah）是猶太曆基斯流月二十五日黃昏起，一連八天的節日，它慶祝的是光明戰勝黑暗、純潔克服淫腐、靈性勝於物質的多重意義；紀念的是公元前一世紀，猶太人自希臘人手中收復耶路撒冷聖殿，並重新潔淨奉獻給神時，僅剩的一瓶燈油燃燒了八天的神蹟。二〇二〇年的光明節日期為十二月十日晚間開始，至十二月十八日晚間，為期八天。

待，以為能夠開啟或關閉某些感受。接著，因為我們並沒有帶著覺知去敬重節慶和轉化的固有痛苦，它就悄悄從後門溜進心靈；然後我們才發現自己在找摯友的麻煩，不然就是直接崩潰，轉變為焦慮或憂鬱。

每一個人都以某種形式背負著痛苦或心碎。在節慶時節，緩緩浮上表面的就是潛藏的痛苦。有些人因離婚破壞了完美家庭而難受，讓自己與孩子們承受節慶前的壓力、寂寞和不知所措。而有些人，則是他們父母離異的痛苦，讓現在已經成人的孩子在試著應對重組家庭[8]的壓力時，覺得孤立、有距離感。有些人為最近分手而心碎；更有些人的痛苦，是完全沒有家人、沒有另一半的悲傷，根本不知道要和誰一起慶祝。我還能繼續寫下去，但重點是，沒有人過著好萊塢電影《岳父大人》（*Father of the Bride*）的那種夢幻生活，裡面的痛苦都已經被剪片，展現出來的只有完美的房子、完美的家庭和完美的生活。這根本不存在。

要求痛苦加入我們的節慶季節，最困難的部分，在於我們不相信痛苦存在。若你根本不認為它存在，那要怎麼寄邀請函？我們對其他人的幸福抱持著一種幻想（在這點上，社群媒體肯定有害無益），因此當任何形式的痛苦浮現時——像是失望、孤單、挫折、悲傷，我們的本能反應，是把痛苦用羞愧感包好、踢出門外，任由它流浪街頭。我們可能會說：「我是怎麼了？我的狀態應該要很好，沒有理由覺得難過啊！」一旦正常且情有可原的痛苦碰上羞愧感，很快就會轉變為焦慮。為了在這個關頭防止焦慮發生，我們必須願意去感覺那未經處理的痛苦。

12 邀請痛苦加入你的團圓飯

下次假期將近時，騰出時間，拿出你的日誌坐定，寫下自己的感覺。邀請你的痛苦加入節慶前的團聚。為失望挪一個位置，仔細關照心碎；你可能真的會想親手寫邀請函給悲傷、失望和心碎，把邀請函放進為它們特別自製的信箱裡吧。不管在任何時候，只要我們能夠將感覺儀式化，它們就能比較快過境。在你邀請這些狀態進入內心時，寫下浮現出的任何回憶、故事、影像或感覺；接著放下筆，讓身體的痛苦填滿你的內心和眼睛，你就能夠用全身投入，痛快地大哭一場。藉由這個方式，你將能夠與節慶所引發的那原始及身為人類的感覺，建立連結。如此一來，焦慮便會退到一邊，你也能夠為了迎接真正的喜悅及感恩，在餐桌上挪出空間。

8 譯注：重組家庭（blended family）字面上即為將兩個家庭合而為一之意，指現有家庭中的父母至少任一方為再婚，再加入前次婚姻的子女所組成的家庭，也稱為繼親家庭。

神聖的日子：感恩的機會

在節慶季節期間，這個世界是很脆弱的。我能從人們臉上看出來：在壓力、緊繃及忙亂的步伐中，住著心胸敞開的溫柔，就好像悲傷的使者，從破碎的心穿越到眼睛，軟化了我們的眼眶。我看見人類最基本的、對人際連結的渴望，打破我們的孤立，有其他人安適地陪著坐在一起。我看見對和平的渴望，看見對愛的渴望。

這些微小的時刻，發生在我如往常般過著日子的節慶季節。我在停車場和一位駕駛四目交接，我微笑，她報以微笑。這是陌生人的交流。我開出停車場，對在轉角的流浪漢揮揮手。「媽咪，我們有什麼東西可以給他嗎？」兒子問我。我知道我完全沒有小鈔，但還是伸手從錢包拿了一張大鈔給兒子，他搖下車窗，把錢交給那個人。那人看見鈔票就哽咽了，先是轉身背對我們，又回頭帶著眼淚勉強出聲：「願上帝保佑你。」我把雙手交疊在心上，眼睛也充滿淚水；我轉頭看看兒子，看見他的笑臉和他的心靈一樣閃耀發光。真是神聖的一刻。

這個季節最重要的，就是這些卸除防衛、敞開內心接觸的微小時刻。我們稱這些日子為假日（holidays），但它們同時也是神聖的日子（holy days），因為隱藏於其中的，是邀請我們加強對愛與和平的連結。我們可以注重每年似乎越來越嚴重的過度消費，但更可以選擇著重在影響著每個神聖之日的基礎原型上——也就是渴望建立我們與自己的真實本性、與本質的良善連結，再從那裡施予他人。對我而言，那就是神聖，是了無罣礙的心；是我們在生命中能夠達到超凡的時刻，是最接近高我的那具有一絲神性的自己。它可能發生在群山的巔峰，或在城市的街角。那是我們的心寬廣地敞開的時刻——開闊到能夠接受馬丁・布伯[9]所謂的「我與你」（I-Thou）體驗：站著和一個人、一隻動物、一棵樹，或一塊石頭，眼神對眼神。這是允許我們自己無拘無束且毫無阻礙地去觀看，以及被觀看。簡而言之，這就是愛。

這才是這個季節最重要的。這才是沉到底層的河流，將假日的到來通知內心，並將其轉變為神聖的日子的意義；是為了付出的純粹喜悅而付出。暗藏著狂亂焦慮的表層脈動充斥著購物、狂歡、消費和包裝，但當你和表層之下低鳴的河流建立連結時，你將被賦予一個機會，更深入了解愛的真正意義是什麼。

我們最能夠付諸行動的付出，是去看見其他人的本質。當我們與其他人互相凝視，用充滿愛的眼神面對他們時，就是送出一份貼心的禮物。雖然這是意料中事，但許多知道我的作品

9　譯注：馬丁・布伯（Martin Buber，一八七八－一九六五）出生於奧地利，是二十世紀最重要的猶太宗教哲學家之一。他的哲學關注人類與其他事物的相遇對話，代表著作《我與你》認為人類應該追求的，是在心靈與高我層次的你我，相遇交流的體驗。

的人，都是在助人的行業，這還是讓我覺得很神奇——心理治療師、教師、護理師、醫師、社工，當然還有為人父母者，這些人的愛心像月亮般浩瀚，隨時準備好為他人付出，並看到他們的本質。然而，要看見自己的本質，對這些人來說卻很困難。因此，我們就從這裡開始。在地軸傾斜，轉為冬季那如薄紗般短暫的時刻，我們祈禱：「請幫助我看見我的美德，請讓我知道我是被愛的。」

從那個得到滿足的地方，即使你憶起自己美德的時間只有一瞬間，仍然可以將你的羅盤對準付出，焦慮感就能降低。但付不付出，並不是取決於療癒；明白這一點是很重要的。自我常見的台詞就是：「如果我沒有完全康復，那要怎麼付出？」付出讓療癒變得容易，療癒則能鼓舞付出。這對成雙共生的兩極相輔相成，它們幫助我們成長，並且越來越向愛靠近。倘若我們培養出更多愛，恐懼將更無存在之地。

此刻，季節的邀請又再次出現：付出。我們把焦點集中在送禮，但如果把焦點擴大，把「付出我們的心意」也一起納入呢？具體的實踐方式，就是確立這個意向，決定從現在起到新年這段時間，面對你所遇到的每個人——無論是好友或徹底的陌生人，你都會花一點時間，觀察他們善良的本質。我曾讀過關於一位猶太教神職人員的事，他遇見每個人時，都會在心裡默念「你擁有善良的心靈。」這和我們在瑜珈練習尾聲會說的「Namaste」一樣，代表著「我內心的光芒，看見了你內心的光芒。」耶穌不也是這麼教導的嗎？「你要愛鄰人，像愛自己一樣。」耶誕節步步接近，慶祝的不就是這件事嗎？——慶祝這個具體實踐將無條件的愛，並為世界帶來和平的男人的誕生。如果能將耶穌的意識帶進我們心中，並帶著覺知去練習看見良善、將這種言語或非言語的沉思，贈與我們接觸到的任何生命，會是什麼感覺？試著用常在你心的靈魂之眼去觀看。

我看見了你。我看見你的善良，看見你的心。我不知道是什麼故事和經歷，讓你在你的人生中走到現在這一刻，但當我把這張鈔票交給你時，我交給你的不只是金錢，而是一個充滿愛的片刻。我們身為兩個人類，各自在各自的人生道路上受苦，各自以各自的方式觸及神聖。在我寫下這些字句的時候，我將你放在我心中。我在傳遞愛給你。我希望你今晚有個溫暖的地方可以留宿。我希望你會有毯子。我希望你有食物可吃。我希望我的想法，能透過某些神祕的方式，傳達給你。我希望地球更加和平，在這裡，所有的生物都是自由、安全，且被愛的。

倘若每個人都把自己的羅盤指向「看見他人的本質」，我們所居住的世界將大有不同。在節慶假日期間，我們也許能這麼看待世界——藉由看見良善、思考本質，以及將對平靜的祈禱，送達每一顆我們遇見的心。

流過節慶季節的，有兩條河：一條是焦慮之河，充滿消費及社交、保持喧囂及忙碌狀態的需求；另一條則是愛之河，滿溢著付出和感恩的河水。你越是選擇和在所有人內心深處，在我們之間圍繞著那廣闊的愛之河連結，你的心就會越開闊，並漸漸地驅逐焦慮。於此同時，你也在讓「假日」轉變回「神聖的日子」。

留心傾聽種子的聲音

冬天往往是情緒轉變的時節。在這幾個比較灰暗、白天比較短的月份裡，心靈邀請我們慢下來，下沉到它深層的世界；在那裡，我們會發現強忍住的眼淚，尚未探索的恐懼，以及潛在的夢想。夏天的漫漫長日滿是令人分心的事物，我們因而得以逃避自己的陰影。然而一旦秋冬降臨，在過了充滿禮物與狂歡的忙碌和絢爛奪目之後，當漫長的一月份，逐漸展露出二月份的沉寂時，人們已經無處可去，只能轉向內在。倘若我們與自己情緒生活的關係並不穩定，我們文化所謂的憂鬱，可能輕易就能趁虛而入。

憂鬱有很多意義。從榮格的觀點來看，憂鬱是心靈的呼喚，要我們坐定，並且對於在交界地帶，或是過渡時期的等待和虛無，感到自在。而從轉化的角度，冬天的憂鬱必定尾隨夏季的巔峰。凡是高漲的，必定會衰落；如果我們接受關於生命的這個真實，就能停止對抗在這幾個月份特別凸顯的典型能量，反而更能將呼吸集中在這份寂靜上，或許還能夠發現內部包藏的禮物。只要我們與當下並肩而行，而不是我們認為應該如何的期望，焦慮所能掌控的空間就越少。

當我們帶著崇敬和好奇心進入靜止狀態時，我們可能會為自己的發現感到驚訝。是的，那裡也許有大量需要宣洩的淚水，也許有孤單、有不確定感、有脆弱，以及對未知的恐懼。但冬雪下仍然埋藏著閃爍的微光；是一顆創意的種子，是充滿可能性的一刻——如果受到注目，就能培養出嶄新的事物：可能是一首詩、一段故事、一個計畫、一份食譜、一段舞蹈、一首歌，或是一幅畫。它還沒準備好要盛開，但那微小的起點就在這裡，只有在你慢下來傾聽，才能夠聽見它的聲音。

在冬天，我邀請你聆聽那些想要萌芽種子的聲音，聆聽那輕微顫動著渴望創造新生命的正面能量。在冬天，尤其是二月，蘊含著一股重要的能量，因為春天即將到來。植物的活動開始加快；仍處在深沉靜止或睡眠狀態的動物，也感覺到第一道溫暖的風，腳步將近。番紅花也只需要再撐幾公分，就能將紫色花瓣探出地面。在你內心顫動的是什麼？有什麼細微的創意念頭正在生根，準備好從心靈那誕生的通道啟程，接著終將誕生在這個世界上，成為生氣蓬勃的全新事物？

春天：重生的季節

跨進春天時，我們會開始注意內在靜悄悄地覺醒。我們在灰暗的冬天確立意向，也許在過去幾個月都在休眠，但現在我們看到初發的青芽冒出頭來，意識到新事物的破曉已經降臨。春天是希望與重生的季節，受到日漸增長的光明及溫暖的鼓舞，我們可以找到能量來採取必要的行動，將仍在遲疑階段的新開始，推展至完全的覺醒。

現在，是時候問問你自己：「渴望存在於這個世界的，是什麼事物？」倘若我在跨年夜確立了意向，那麼要如何憑藉重生的能量，將這些意向化為行動？有哪些全新開始的種子，之前埋藏在內心深處的洞穴，正準備要盛放結果？春天，是一個利用周圍強烈重生能量的極佳時機，去確立你的意向，燒毀一層可能正在阻礙療癒的抗拒。

有時候，光是注意到季節的轉換，就已經足夠刺激內在的轉變了。去年，我為一位有兩個女兒的母親進行諮詢。小女兒熱情地享受每一件新事物，生活上似乎不太有挫折；但是大女兒就比較謹慎及敏感，去年夏天學騎腳踏車的時候，學得很痛苦。她非常想騎車加入鄰居朋友的玩興，但總有什麼事阻礙著她。

當春天接近，天氣變暖的時候，她和我討論後，決定告訴女兒：「春天是來這裡幫助妳學會騎車的。就像在冬天的威脅還沒走遠，就勇敢冒出頭的最初幾株番紅花一樣，即使妳很害怕，還是可以找到再騎騎看腳踏車的勇氣。也許去年夏天，妳只是還沒準備好而已。我覺得妳現在已經準備好了。妳說呢？」女孩說對，她準備好了，而她的確也還很害怕。這對母女接著計畫了一次獨特的健行，一起在早春觀察季節自我催生的方式。她們注意到樹上綠色的小嫩芽，以及橫跨整片山丘冒出頭來的小小野草葉。她們走了幾哩路，然後坐下休息，感覺溫暖的陽光灑在臉上。回家後，女孩第一次獨力騎了腳踏車。

倘若冬天是悲傷的季節，那麼就讓春天的微風將殘餘的悲傷帶走。倘若冬天是倦怠的季節，就讓春天的清新讓你恢復健康。倘若冬天是失去的季節，那麼就去留意你周遭的新生命和重生。倘若冬天是沉默的季節，就邀請春天的鳥兒，將歌聲帶回你的人生。

倘若冬天是絕望的季節，那就和在自然世界中反覆出現的希望訊號建立連結，它好像在說：「今天是新的一天。今天，我可以著手從事一些新的活動，並且在自己的內在，找到開始的地方。今天，我是活著的，正因如此，我心懷感恩。今天，我在大自然展現的奇蹟裡看見愛，我輕聲而堅定地說出『我願意』。」

春天的躁動

每到春天，空氣中都會有一股躁動感。樹木在冬季儲著的樹液，跟著脈動推展到新生初芽和嫩葉上。我的患者們掙扎著褪去不再適合他們的身分——像是形單影隻的人、不再為人父母的人，以及做著一份對他們再也沒有好處的工作的人。周圍的許多創意人幾年來為了讓作品問世，現在正在完成前的最後衝刺。當我努力尋求母親這個角色似乎很難達到的平衡時，我也在自己身上感受到這樣的躁動感。我的兒子們也是，當他們邁向成長的下個階段時，他們的身心存在持續處於一個不安的狀態。

在秋天，來自大自然的邀請，是讓我們在準備的時候轉向內心，就像樹木會落葉一樣，捨棄已經不再適合我們的事物。但在春天，也就是秋天的季節對比，大自然也邀請我們觀察這些經由冬天的蟄伏而顯露出來的停滯之處，然後放手。這裡的放手和秋天時的不同；這不是完全的擺脫，反而比較像是因為意識到新階段就在眼前，為了徹底擁抱它而褪去一層皮時，必須經過一個刺癢發作般不適的階段。外在世界即將倏地衝向夏季的繁花盛開及慶祝；倘若我們仔細觀察，就會發現我們的內在世界，也同樣處於這個同時感到不適及興奮的期盼狀態中。

有時候，躁動是呼喚我們去行動：我們評估眼前的狀況，看看是不是有其他的可能性正要求被看見。然而有時，我們直接去處理、解決和修正事情的傾向，反而讓我們無法單純目擊這份躁動感就好，也無法相信透過這樣的觀察，新生會自然而然地降臨。

夏天：慶祝的季節

夏天是滿懷純粹且永恆愉悅的季節，像個開心的孩子，在純潔的春天和憂鬱的秋天之間嬉鬧，等著我們用生命去擁抱它奔放的快樂。這是我們赤腳踩在草地上的季節；我們看著孩子們在灑水器邊跑來跑去，接著大膽放任地把自己丟到滑水道上面。我們戴著草帽，穿著洋裝和涼鞋，邊吃著一球用脆餅甜筒裝著的香草冰淇淋。

多年前的一個夏天，在我兒子們還很小的時候，大兒子和我默默一致同意進行一個每日儀式。等他弟弟睡午覺之後，我們會抓起我們的帽子，牽起手走到花園裡去。不管早上過得多挫折、多生氣，只要我們踏上那些作為花園界線標誌的石頭，我們就能更深深呼氣，並覺得緊繃感消逝而去。

我們踩踏著輕鬆的節奏，遠離電腦、手機，以及堆滿屋子、越積越多的玩具，開始除草、澆水和收成這些最單純的工作。六歲大的他通常會滔滔不絕地說話，這時候卻慢了下來，就好像他的心思，跟隨著行動在起伏一樣。我們有空間，去聆聽鳥鳴和急湍的溪流聲，也有時間彎下身來，觀察蜜蜂在正午的艷陽下晒晒翅膀。

在兒子撿了滿口袋的甜豆之後，我們會走回屋內，一起坐在小木屋的籐椅上，為這些奇蹟般美味的綠色寶藏讚嘆不已。早春時，我們一起種了這些甜豆。他完全沉浸在甜豆的滋味中，說著「比糖果還好吃」，如此單純而完整。那無疑是每天最美妙的時刻。

祕訣在於放慢步調，慢到足以注意到我們周遭的小小奇蹟；如果我們花時間去看，就能看到那些生命中的獨特時刻，能夠將我們連結到喜悅與感恩的深刻感受。雖然有時候可能得靠艱辛的努力，才能讓我們離開螢幕的吸引力，以及那些等著我們去做的事（越來越多卻沒完沒了的待辦事項），但夏季單純的愉悅，不在於虛擬世界中，也不只是將已完成的事項刪去；這是無可爭辯的事實。

我們的文化過於推崇科技、成就及效率，迫使我們跟著瘋狂的節奏，惡化了焦慮的情況，我們因而必須仔細留意，有哪些最簡單的活動，是在邀請我們放慢到和自然同步？這些時刻是焦慮思維的良藥，是心靈所嚮往的。夏天充滿著這樣的機會。它可以很簡單，可能是躺在大樹下，像隻樹蔭底下的貓，允許自己在黃昏慵懶的暑氣中放鬆；也可能是在上班日花個十分鐘，坐在公園長椅上，咬一口爽脆的紅蘋果，在雲朵布滿天空時，注意它們的形狀。你還記得小時候，在雲裡面找到的恐龍和小狗嗎？在這個孩子般的季節，我們能變得像小孩一樣，並記得最能夠激發喜悅的，是那些簡單的時刻，和古今皆宜的消遣活動。

13 季節的邀請

當我們順從每個季節最主要的行動時，就能利用瀰漫在自然世界的能量，並因此促進我們自己的轉化。在每個季節中，花點時間在日誌裡回答下面的問題：

當你在秋天看到落葉時，我邀請你對褪去的能量敞開胸懷，問問你自己：「現在，我該放手的，是什麼？」

在冬天，當你看著一片沉寂落在大地上時，注意到你自己的心靈也在冬眠時，問自己：「在靜謐與孤寂中，有什麼事物浮現？」

在春天，睡了幾個月的種子們（不管是真的種子還是象徵性的），都試著在逐漸溫暖的土地中冒出頭來，然後盛開；你可以問自己：「有什麼已經準備好要誕生了？」

當你在夏日慶祝辛勤工作的成果、享受水和陽光的日子時，問問自己：「現在我該慶祝什麼？」

活在當下的脆弱

菩提心就是我們的心——我們受過傷、變得柔軟的心。現在，如果你在尋找那顆我們仔細守護的柔弱之心（如果你決定透過科學研究方法，在顯微鏡下試著找到那顆心的話）是找不到的。你可以觀察，但你只會找到某種溫柔。沒有任何東西可以讓你做切片，放在顯微鏡底下；也沒有任何東西能讓你解剖或緊緊抓住。你越觀察，越是只能發現一種略帶悲傷的柔弱感。這種悲傷的來源，不是因為其他人對我們不好；它是固有的悲傷，無條件的悲傷。它是我們與生俱來的，而且代代相傳，就是所謂由衷的悲傷。

——佩瑪・丘卓《從當下開始》（*Start where you are*）

我們從沒被教導過要遵循生命的時序，也就是活在當下。在我們孤軍奮戰的時候，我們的自我會動搖，無中生有地說服我們不要正面面對人生。實際上，自我的所有侵入性思維和恐懼的陰謀，都是精心設計且非常具說服力的逃生出口，設計來不讓我們接觸到身為人類未經碰觸的地方（我們的寂寞、痛苦、恐懼、不確定感，以及超然存在），只有在我們沉浸到當下的時候，這些地方才會浮現。

要讓我們遠離活在當下的脆弱，焦慮最為出色的防禦戰術之一，就是將我們誘騙到這些心智陷阱中，要不是讓我們以後悔、罪惡感、羞愧的形式固執在過去，就是把我們裝進未來的太空船裡發射，讓我們去擔心根本無法掌握的事。療癒焦慮的關鍵之一，就是學著來到當下，來到我們的脆弱存在的地方。這並不容易，尤其是因為很少有人學過如何關照脆弱；事實上，我們被教導的剛好相反。我們常常接收到這樣的訊息：永遠不要讓自己顯得脆弱，因為那並不安全。這樣的心態在我們絕大多數時間的人類史上，也許是合理的，因為讓自己有被傷害的可能是真的不安全；但既然我們即將跨入覺知的領域，我們正被邀請學習一種新的方式，讓焦慮擔任我們的嚮導，以好奇心和慈悲心作為盟友。願意對身為人類那些完整的、原始、溫柔的經驗敞開胸懷，就是在黑暗裡的那道光。

生命沒有緊急逃生出口

我們也會用這個迷思來當作緊急逃生出口：「如果我怎樣怎樣，就會快樂」；它和我們對過去或未來的擔憂並肩而行。我們受潛伏在文化中的訊息影響，告訴我們：「當你大學畢業、找到工作、結婚、買房、養一隻狗、生了小孩，就會快樂。」或是「等考試結束、工作完成、撥雲見日的時候，你就會快樂。」但在這每一個里程碑或每個事件發生時，你還是感到煩躁與遲疑，於是你開始疑惑，哪裡出了問題？實情是什麼問題都沒有；只是生活並沒有緊急逃生出口，這代表我們無法避免身為人類固有的寂寞、痛苦、不確定感，以及超然存在。讓我們更深入地探討這些狀態。

人生可以是一趟孤單的旅程。事實上，孤單是人類經驗的一部分；不管周遭的人可能多貼近我們的內心，沒有人是可以真正存在我們體內，並透過我們的眼睛看人生的；這點我們無法否認。擁有焦慮心靈的人往往長時間受一些問題折磨，但其中埋藏的閃耀鑽石，就是它邀請我們去擁抱我們最根本的、共同存在的孤單。如果我們執著在那些問題上，就會對自我那很有說服力的逃生出口異常依戀；它告訴我們：「如果你跟別人在一起或去其他地方，就不會覺得孤單了。」另一方面，當我們了解到孤單是人類必然有的狀態時，我們才能學著面對孤寂，甚至可能和孤寂變成朋友。矛盾的是，在我們面對孤單，而不是逃避它時，它將轉變成友誼——但它是我們自身內在的友誼，而不是期待會有其他人去填滿那個渴望的空間。（我們在第十章，會有對孤寂更深入的探討。）

人生可以是一次痛苦的旅程。對有些人而言，特別是對擁有一個敞開心房的人來說，痛苦就是日常生活的一部分。我們甚至不用知道自己為何哭泣，但當我們慢下腳步、變得柔和時，我們就會發現，在敞開心的正中央，存在著一層悲傷。我們試著逃離佩瑪・丘卓所描述的這種由衷的悲傷，但出口並不存在，因為生命本身就包含著悲傷。如果你的心沒有經過艱苦的訓練，你的每天、甚至每個小時，都會對這種痛苦感到非常熟悉。我們沒有辦法控制人生，而是必須學著去經歷它。

人生可以是一次超然的旅程——是在心靈拓展的時候；在心靈進行一次完整的深呼吸、延展超越熟悉的界線，而不是只有我們的肉身才辦得到的時候——就是這些時刻，盡管也許只有幾分鐘。當心靈認出它自己的時候；當自己無限的那個部分，藉由看見它自己反映在這個有限世界的某處，而回憶起它本身的時候，就是超然的存在。對超然存在經驗的追求，並不能用來逃避身為存在於肉身中的人類，那與生俱來的不適感。但我們能像追求氧氣一樣追求超然存在，因為在時空中，我們讓自己向上提升，但同時卻又能憶起自己的那些時刻，為我們的心靈提供了氧氣，也讓人生變得值得。

我們要上哪去找超然存在？沒有特定的方法。要發現超然存在，我們可以跟隨微弱的應允聲，直到這首沉默的歌曲覺醒為大合唱；直到超然的時刻不是單一經驗，而是會在我們每天、甚至每小時的生活中凸顯出來。當你在山裡健行、坐定祈禱、觀賞藝術、寫詩或背詩、解析夢境、爬山、坐在長凳上，或是輕撫一隻貓的時候，都有可能發生。我們在一片片寫著「我願意」的百合葉上跳躍前行，直到它們串成一條綠色的小徑，指引我們的晝夜。

我們必須騰出空間，慢下步調直至靜止，來邀請「我願意」。我們必須在忙碌的生活中，找到一個安靜的角落，才能聽見蟲鳴。而且我們必須了解，超然存在不是我們的唯一目的，也其實沒有獨立在身為人類的痛苦、孤單、恐懼和脆弱之外。

超然存在，就是依循生命的時序去生活，放下盔甲，停止戰鬥；你只需告訴自己：「我就在這裡。我允許生命穿透我的體內，和我一起漂流。我接受生命中所有痛苦與美麗的多元表達方式。我就在這裡。」

感覺過於良好的恐懼

然而，我們在渴望超然存在的同時，也在抵抗，因為感覺良好跟受到折磨一樣，讓人容易受傷。事實上，從許多方面來說，人感覺良好的時候甚至更脆弱；因為在你感覺良好的時候，代表你正擁有某些可能失去的事物；而自我最害怕的，就是失去。因此，為了學著更常接受當下這一刻生命的脆弱，我們需要去探索當我們感覺良好時，會自然而然浮現的抗拒。

你渴望感覺好一些。你已經受夠痛苦了。但一有好事上門，你就會注意有個思考過程用某些想法將之拒於門外，像是「我不值得快樂」，或是「如果我覺得快樂，就會有什麼東西來奪走它」。這是你的防禦系統在運作，你的自我超時工作，為了不讓你承擔可能受傷的危險。因為感覺良好和感覺痛苦一樣，我們所冒的風險都很大。唯一的安全之處，就是一個狹窄的空間；在那裡，各種感覺都被淡化成我們足以應付，或是已經麻痺的；這就是我們腦袋至上（也就是總是在思考）的文化教我們的。通往自由的道路，就是學著剝除那些到目前為止，都還是讓你感到安全的保護層，然後去經歷再次直接接觸生命的冒險。

我有一個學員是這樣描述的：

> 我整天都不覺得焦慮，一切感覺好真實——就好像我已經戴了一輩子的手套，卻突然觸摸得到我的情緒，還有日常生活的質感、形狀和溫度。當生活沒有被一層厚厚的焦慮和不斷的擔心掩蓋著的時候，每一刻的感受都非常真實。
>
> 然而，當我處在這段時間裡，有時卻會覺得很害怕，也真的會變得很焦慮。我怕會有壞事發生。我覺得自己不值得快樂，或是對我的另一半和工作覺得滿足——儘管他們有他

們的缺點。我發現我深深相信，「覺得快樂」是危險的。請問對處理這種恐懼，妳有什麼建議嗎？

如果這段描述聽起來很熟悉，你並不是唯一這樣的人。折磨你的是蓋伊・亨德利克（Gay Hendricks）在《大躍進》（*The Big Leap*）一書中，所稱的情緒上限症候群（upper limit problem）。他在書中分享他發現此現象的個人經驗：

> 我剛跟朋友吃完午餐回到辦公室，談論我們正在進行的計畫，愉快地聊了一個小時。我的工作很順利，對感情生活也很滿意。我往後靠在椅背上，好好伸展一下，散發出一種放鬆的滿足感。我感覺棒極了。但幾秒鐘後，我卻發現自己在擔心我的女兒亞曼達，她去了一個離家很遠，但她很想參加的夏令營。一連串痛苦影像的幻燈片在我腦海裡快速閃過：亞曼達一個人坐在宿舍裡，亞曼達因為離家而感覺孤單又悲慘，亞曼達被其他小孩嘲笑。在我的心智繼續製造這些接連不斷的影像時，內在的喜悅就從我身體裡消失了。

他接著打電話給活動的負責人，得知女兒一切都好。他覺得自己很蠢，也疑惑著他怎麼會在這一刻感覺很好，但下一刻就看到那些充滿痛苦影像的幻燈片不停播放。然後，他理解到正是因為他感覺很好，所以心智才將這些痛苦的影像傳送給他。他是這麼敘述的：「只要時間稍微長一點，我有某部分的自己，就會對享受正面的能量感到恐懼。當我達到我的情緒上限，也就是我所能處理的正面感受的最高點時，就會製造一系列不愉快的想法，讓自己泄氣。」

聽起來熟悉嗎？讓我們來解構「認為快樂是不安全的」這個信念。

我向來喜歡先拉遠來看，從最遠大的那一層信念開始，此例子的信念存在於集體潛意識中。記住，集體潛意識是由全人類共享的那一部分心智，甚至也連結到我們祖先的記憶。換句話說，我們常認為自己是經歷或感覺到某些事物的唯一一人，但當我們把視野放遠，並和那張看不見的網建立連結時，就能發現我們的個人經驗也是集體經驗。蓋伊．亨德利克描述了感覺良好的恐懼是如何和集體潛意識的層面交織在一起，以及人類在這幾千年來，是如何撐過逆境——直到最近我們才逐漸進化，允許自己能夠感覺良好，想持續多久都行。

當然，在這世界上，不是每個人都幸運到有餘裕去擔心生活太美好，有幾百萬人為了最基本的生存而受苦。對許多人來說，感覺良好的恐懼雖然是集體的，但卻不是放諸四海皆準；在馬斯洛的需求層次理論中，它屬於最頂層的自我實現（self-actualization）。但這並不表示，無論你在受到感覺良好的恐懼折磨時有多痛苦、多自我限制，都是誇大其詞；但我的確認為，以健康合理的視角來接近這種恐懼，十分重要。

接下來要處理的，是自我的層面。再次重述，比起其他任何事情，自我最全心投入的是：維持掌控，避免失去。在追求最終掌控卻是徒然的過程中，自我會說服我們，如果我們相信它的謊言，就得以成功控制未來。在這件事情上，自我告訴你：「若你認可你生命中的美好事物，就會讓它們消失。」你聽出其中著魔似的思考了嗎？

最後，我們要面對的是個人經歷，是那些當你閃耀著發光時，卻受同儕、老師、手足或是父母打擊的時刻。我還記得五年級的時候，某個小團體的女孩們，充滿鄙視地跟我說另一個女孩的壞話，像是「她好自大」或「她以為自己很厲害」。對一個小孩來說，同儕的接受就是全世界；因此，從聽到這些對別人的評論，再接著把它內化成自己的行為準則，僅只一步之遙而已。就在那一刻，我們學會了保持卑微。

最重要的，還是一次再一次地辨認，哪些事是你能控制的，哪些則不能。你無法掌控未來，以及你生命中大部分事件的結果。但你能夠控制如何回應這些出於恐懼，和「要是……怎麼辦」的想法，它們像雪崩排山倒海地朝你的心智而來，試著將你從此刻、此地與當下拉走。你可以掌握如何回應自己的內心世界，以及你願意為自己的安樂扛起多少責任？這是你將在下個練習中學到的。

14 學習處理感覺過於良好的恐懼

當你意識到感覺過於良好的恐懼浮現在腦海中時，請進行下列練習：

1. 注意恐懼。注意你的好心情突然轉變成擔憂和嚴肅思考的時刻，讓這些時刻能夠被察覺到。你對這個習慣有越高的覺知，就越容易改變它。

2. 列出你的自我想法，與它們正面對決。自我在黑暗中，隱藏在大魔法師奧茲的布幕後運作時，是其影響力最強的時候。當你拉開布幕，會發現那個自我就像魔法師奧茲一樣，並不是擁有宏亮嗓音的可怕壯漢；它實際上只是我們感到恐懼的那一小部分。在你寫下自我的所有想法時，就是用意識的光照亮這些信念，而它們將開始煙消雲散。

3. 寫下或深入探究在你的生命中，遭受別人打擊的時刻。如果你有這樣的經驗，在你獨特、出色、精彩、並閃耀地完整做自己時，會引導到「這樣不安全」的想法的話，也把這些經驗寫下。大多數人都是在沿途的某些地方，學到「認為自己很棒是不對的」，以及「保持平庸比較安全」。當你在探索這些經驗時，就能將它們從你的個人潛意識中解放出來，並且為形成於那些時刻的信念，重現真實。在你與這些被迫感覺卑微的回憶直接接觸時，也可能浮現出悲傷，特別是與你的雙親相關的回憶。

4. 說出你的恐懼。寫下在你進行內在功課時，讓你害怕的事物，即便它們最終也許會讓你感覺自己更完整、更愉悅。在你已經持續幾年或幾十年地認定自己的痛苦和焦慮之後，要想像自己對於良好感覺的全新認同，可能會讓你感到恐懼。大部分人抗拒對自己內心世界的投入，是因為害怕自己即將發現的事物。

最重要的，是你必須緩慢且十分柔和地進行內在功課。你很可能和自己的重大經歷糾結在一起，就像把你核心的自己包圍起來的頑強野草一樣；若你太快將野草連根拔起，就會感覺核心的自己正在崩毀。因為你和自己的經驗及信念共存了這麼久，它們已經成了你心靈內在結構或組成要素的一部分。

這件工作一定要有條不紊地慢慢來，也許先摘除多餘雜草最上面的莖葉，再仔細深入地下，從土壤裡挖出根部，就像一個溫柔的園丁一樣。

當自我試圖用它最愛的其中一句台詞——如果你投入內在功課並成長的話，就會發生壞事，又或者是會發現自己不為人知的差勁事實——來恐嚇你的時候，抓住一點認知真理（cognitive truth），並去了解你將發現的是你自己，也是不可或缺的。你將學會如何去愛，包含愛自己也愛別人。

你將領會到，我們疏於照料的焦慮占據了廣大的空間；當你開始去除其束縛，你的內心將以無以言喻的方式敞開。簡而言之，實踐你的內在功課不會招致任何壞事；這是自我的恐懼在運作，試圖說服你「不做不錯」，還得表現得若無其事。如果焦慮掌控了全局，就不是一切都沒事。若你越是轉向內在，並找到勇氣，去面對你存在於當下的脆弱中，那原始的粗糙之處的話，就越能找到你的自由。

PART TWO

自身的四個領域

療癒焦慮，從根本做起

我們得學著在陽光下散步，觀賞世界的多采多姿，尊重我們有形的身體，喚醒生命中的音樂，聆聽我們的夢境，並對我們所愛之人表達情感。這樣我們就能獲得平靜。

——羅伯特・強生（ROBERT JOHNSON）
《我們：了解浪漫愛情的心理學》
（*We: Understanding the Psychology of Romantic Love*）

你餐桌上的主位

自我實現不會突然發生，而就算它是長時間努力的成果，也未必長久。十一世紀的西藏密教尊者兼詩聖密勒日巴（Milarepa）說：「無須盼望全然開悟，只管每天在生活裡修行便是。」一個健全的人並不是一切完美無缺，而是不斷朝著完美努力；它不是終點，而是持續進行的過程，需要自律、努力與毅力，這也就是人生何以是一趟旅程，且必然輝煌壯闊的原因。

——大衛．里秋（David Richo）《以愛之名，我願意：開啟親密關係的五把鑰匙》（*How to Be an Adult in Relationships: The Five Keys to Mindful Loving*）

照料自身的四個領域是我們的基本任務，為了達成任務，我們必須有一個慈愛、有能力且明理的內在家長或內在友人，來掌管心靈。打個比方，就像如果晚餐主位上坐的是他們熟悉的家長，小孩就會覺得安心一樣；你的內在性格（焦慮、評判、恐懼、嫉妒、批評、監督者、乖女孩或男孩）也是如此，如果你內心餐桌的主位上，坐著的是你熟悉、慈愛又明理的家長，這些性格也會感覺安全。若忽略這個基本的自我特質，可能會導致更嚴重的焦慮、不知所措與困惑，尤其是在進行深層內在功課的時刻；而讓此特質成長，就得以讓你在面對焦慮的訊息時，用聆聽並採取行動的方式，去接觸你的身體、心理、思想以及靈魂。

慈愛的內在家長特質

我們所有人的內心，都有這個冷靜且富同情心的位置，但如果你在成長時，沒有親眼見到這個情緒調節的榜樣（有這種經驗的人極少），要接觸它可能會有困難。但這並不代表你沒有這一部分的自己（請記得：抗拒最喜歡的戰略之一，就是告訴你，因為你沒有內在家長，所以不能進行內在功課）。這只不過表示這一部分是你內在比較弱的肌群，它需要你的注意，才能變得強壯。為此，知道你在尋找的是什麼特質，可能會有幫助；如此一來，當你注意到它們時，就可以說：「對，這就是我的內在家長。」無論你在什麼東西上澆水，它都會成長；以這件事來說，你想要發展的是自己很特別的一部分——是當生活在你的周圍引起漩渦，以及在你更深入內在世界和療癒過程的時候，還是能夠保持穩定的那一部分。下面是慈愛的內在家長擁有的一些基本特質。

- 就如同父母會聆聽並尊重小孩的需求，但在必要時刻還是會督促他們踏出自己的舒適圈一樣，慈愛的內在家長會為你的內在世界帶來憐憫和強烈的好奇心，同時也確保你不會墜入縱容痛苦或懶散的國度。
- 慈愛的父母會努力擠出時間，沉入當下的這一刻，並且心無旁鶩地與孩子進行眼神和心的接觸。內在家長也是如此，他們清楚認知到，面對我們日常生活越來越趕、越來越忙的碟碟不休時，創造長時間的停頓有多重要；如此一來，內在父母就能在完全處於當下的狀態中，傾聽你的需要。這表示手機必須關機或放在其他房間，也表示我們得讓那些將自己從沉靜的當下拉走的外在聲音安靜，像是工作、電話、電子郵件或帳單。如果我們生命中的父母（無論是親生或是內在父母），沒有花時間傾聽的話，我們就無法覺得安全、被愛或找到自己的價值。
- 慈愛明智的父母除了作為傾聽者和支持者，他也是我們自身劃定境界與極限的那個部分。那個部分的我們，會同意做這件事（好，雖然我不太想，但我現在還是要去運動）或拒絕那件事（不了，我今天晚上不喝酒，因為我知道這會讓我明天早上醒來的時候覺得焦慮）。那是能夠下定決心，也信服此決定的那個部分的自己。

- 若你有個慈愛的家長坐在餐桌的主位上，你就能去感受艱難的感覺（例如傷心、嫉妒、失望、憤怒、挫折、孤單和厭煩），卻不會遭它們吞噬。你也會知道自己不需要相信每個在腦海中列隊行進的想法。就算你有個想法，也不代表你會為其採取什麼行動。倘若你深信主位上坐著大人，就會知道你的想法只不過是想法而已，想法和行動之間還有一大段距離。
- 慈愛的家長讓你擁有投入內在功課所需要的勇氣，也會很常、偶爾甚至一天好幾次地提醒你，要從根源療癒，需要的是耐心、技巧及信任。我們那追求速食、快速修復以及即時滿足（instant-gratification）的文化，正在侵蝕我們運用耐心的能力。在我們扭曲的時間觀中，我們期待立刻就能得到寬慰。不管是對真正的食物，或是心靈中的情緒層面，我們都已經失去了對細火慢熬經驗的讚揚。我們不再寫信，不再滿懷期盼的等待回應。不管在任何方面，我們幾乎都失去了存在當下的能力——無論是僅僅沉默地坐在爐火旁，聽到的只有火焰的劈啪聲響，或是躺在草地上盯著天空看，手機不在身旁。

急促的療癒是不可能的。心靈就像動物一樣，會繼續跟隨自己的節奏，以它自己的步伐前進。對我們現代人的想法來說，這是一種挫折，我們已經忘記如何等待了；然而，慈愛內在家長的工作，就在於提醒你轉移一些焦點，進入一個懂得緩慢生活與緩慢療癒的新環境中。在耐心等待的時間裡，你會發現一個能夠喘息的地方。

15 讓明智的自己／內在家長成長

明智的自己就像肌群，你越是鍛鍊，它就會越來越強壯。在你每一次有意識地了解到，你採取行動的出發點既清晰又充滿智慧的時候，內在家長就會更加茁壯。事實上，強化這裡肌群的，就是「認同」本身，就像小孩需要他們的照顧者和導師，去見證及認同他們的內在天賦與力量一樣。你每次投入任何形式的內在功課，都能夠強化你的內在家長。

例如就算你不想運動，卻還是每次都會去，或是雖然有一道恐懼的牆試圖分隔你和另一半，你卻還能夠更往他靠近的時候，就是在強化你的內在家長。

有個能夠讓你的內在家長成長的具體練習，就是開始規律且有意識地辨認出在你的心靈中，那些為了主位而激烈競爭的其他角色。

在一張紙上畫下長方形的長桌，並把「慈愛明智的自己」寫在主位上；把其他座位用你內在世界的配角，那些製造很多嘈雜噪音的角色填滿，像是恐懼、孤單、評判、傲慢等等。當你和任何這些部分交手時，必須堅定地承諾，讓你的內在家長持續掌握著對話。我們為評判騰出空間，但不讓它主導。有內在家長在牢靠的岸邊緊握拴繩，我們才得以去探索恐懼那翻騰的浪花。

從某方面來看，焦慮就像是你年輕的自己，孤伶伶地掛在晒衣繩上等著晾乾。一旦你帶著慈愛的內在家長挺身而出，甚至只是做了本章的練習，焦慮就會再退一兩步。你越是強化自己堅定且明智的部分，就越能減少焦慮的感覺。

身體的領域

這是你的身體，你最棒的禮物，蘊含著你沒聽到的智慧、你以為已經遺忘的悲傷，還有你從來都不知道的喜悅。

——瑪麗恩・伍德曼《重回自己 ：滋養女性身體與心靈的思考》
（*Coming Home to Myself : Reflections for Nurturing a Woman's Body and Soul*）

我們的身體，是我們接收訊息及情報的形體，藉由這座聖殿，我們才能認識自己。任何一座聖殿都一樣，我們對此地越尊敬，它將變得越神聖，越為人所知。如果我們的身體被糖、酒精和加工食品阻塞，運動與睡眠不足，或是荷爾蒙失調的話，這座聖殿裡的空間就會變得難以進入。相反地，倘若我們學著照顧自己的身體，傾聽它的訊息，我們就會變得更清醒，也更容易接近存在於內心最深處的智慧。焦慮常常透過身體和我們溝通，而焦慮的顯現也經常是個警訊，提醒我們需要悉心照顧我們的肉身。

在處理焦慮時，我建議先從根本開始，也就是我們的身體。我們的身體是安樂的基石，因此，當焦慮浮現時，最好先問自己：「有沒有什麼基本的生理需求在尋求我的關注？」如果我的孩子有任何反常的行為，我都會先問他們的身體狀況：「你昨天晚上睡得夠嗎？」「你今天攝取的蛋白質夠嗎？」「你需要繞著街區跑個幾圈嗎？」「你是不是吃太多糖了？」我也會對自己問一樣的問句，再加上注意荷爾蒙的問題。

焦慮的生理症狀

因為我們的文化注重思考，我們因而傾向忽略身體的需求，直到身體突然覺得不舒服或是焦慮出現。事實上，心靈在吸引我們的注意時，最有效的方法之一，是透過身體來呈現焦慮。當然，有時候某個症狀就真的只是症狀而已，並非焦慮的展現。而且，在開始投入這種將症狀視為隱喻的深層傾向前，先排除任何嚴重的身體疾病，是很重要的。因此，對於有焦慮症的人來說，在繼續前進之前，先做個全身健康檢查；若檢查報告都沒有問題的話，會有不可思議的平靜效果及助益。

就算上一段話引發了你的焦慮，你也不是唯一這樣感覺的人。只要我們討論到身體領域，恐怕就會觸發健康焦慮：「我的天啊，她剛剛說如果有這種不尋常的症狀，可能真的表示我哪個地方有問題！我明天得去看醫生！」稍待片刻，做個深呼吸。再次深呼吸。試著運用這一刻，把它當成一份邀請函，要你接近內在的慈愛家長或明智的自己，並想像為了讓驟升的情緒平靜，你可能會說些什麼？你可能會說：「的確，認為自己可能有什麼很嚴重的問題，是非常嚇人的（承認），但我很有可能沒什麼事（現實）。我以前也這樣過。還記得我以為自己有……（指出以前的某個情況，而你要求焦慮誠實以對）的時候嗎？結果我很好。如果我該做全身健康檢查，那麼我會安排；但我們還是繼續讀下去，我很想知道焦慮的其他生理症狀，可能暗示著什麼？（好奇心）」

如同我在第一章分享的一樣，若焦慮的人讀到一張清單，列出的是焦慮藉由生理顯現的常見方式，也許非常具有平靜的效果。這麼一來，下次你感覺喉嚨緊繃或覺得熱、全身冒汗的時候，就能知道：「這是焦慮」，而不是任由恐懼蔓延，並用新的災難劇情來牽著你的鼻子走。讓我們回顧一下，以下是焦慮所引起更細部的生理症狀。

焦慮會引發的常見生理症狀包括：

- 胸悶。
- 感覺喉嚨緊緊的。

- 呼吸困難。
- 吞嚥困難。
- 胃腸打結。
- 食慾不振。
- 失眠。
- 身體抖動、顫抖、打冷顫。
- 皮膚發癢或有灼熱感。
- 胸痛。
- 疲憊。
- 發冷或感覺凍僵。
- 覺得不舒服。
- 感覺不對勁、感覺奇怪或異常。
- 頻尿。
- 心悸。
- 心跳加速。

- 動暈症（motion sickness，如暈車、暈船、暈機等）。
- 肌肉痙攣。
- 噁心感。
- 頭痛。
- 頭部不適。
- 額頭緊繃。
- 談話困難。
- 呼吸急促——就好像你無法完整地呼吸一樣。
- 不真實感。
- 胃痛。
- 消化系統失調。
- 腹瀉。
- 胸口緊繃。

上述許多症狀都可能是情緒需求的展現，也可能是因為你某方面的生理健康需要你的注意。依我的工作所見，可能導致並加劇焦慮最普遍的生理領域，大多與血糖、食物、酒精、運動、睡眠及荷爾蒙有關。對許多人來說，焦慮可能是一種警訊，喚醒你留心自己這些重要的方面。當你的內在父母決心採取行動時，有些與上述方面相關的基本指引能夠幫上忙，協助他們決定哪些健康的新習慣可能有助於減輕焦慮，並為你帶來更多安樂，讓你頭腦更清楚、更有活力，也更為平靜。

低血糖與焦慮

為了擁有最理想的健康，我們需要維持蛋白質、碳水化合物、纖維質及礦物質的均衡攝取。我們也必須減少刺激物的攝取，尤其是高度敏感的人。我所謂的刺激物，指的是糖、咖啡因、酒精及藥物。每天建議的飲食，可以是下列建議的變化版：

- 在起床後一小時內，吃一餐高蛋白質和適量碳水化合物的低糖或無糖早餐。
- 每兩個小時吃一些高蛋白零食。
- 把蔬菜當點心，想吃多少就吃多少；也吃一些水果。
- 一天三餐都攝取大量蛋白質和適量的碳水化合物，盡量避開糖分。

- 若維持穩定的血糖值對你來說有困難的話，睡前可能需要吃點零食。血糖降低時，你的身體就得等到隔天早上才能休息。這就是為什麼藉由起床不久就進食及定時吃些東西，來維持一整天的血糖穩定，這件事非常重要。

低血糖的症狀包括（資料來源為 everydayhealth.com）：

- **焦慮**。當血液中的葡萄糖濃度太低時，身體會告訴腎上腺分泌腎上腺激素（也稱為腎上腺素），示意肝臟產出更多肝醣。過多的腎上腺素造成腎上腺素激增，可能因此讓你焦慮。
- **失眠夜**。常見的夜間低血糖可能引發一些睡眠障礙，症狀包括盜汗、惡夢、從睡眠中突然醒來與尖叫、睡醒時感覺不安與困惑。睡前吃點東西能夠減少睡眠障礙的發生頻率和嚴重程度。
- **情緒不穩定**。心情上上下下，以及各種不是你的典型作風的情緒突發事件，都是低血糖在神經系統方面的症狀。這些症狀包括非理性的爆發、偶然或歇斯底里地尖叫、無法抑制的憤怒，以及想要獨自一人的強烈渴望。如果情緒的改變比較輕微，沒有上述那麼嚴重的話，像是非針對性的易怒或是容易不耐煩，也可能是你的血糖正在降低的徵兆。當血糖降低時，你也可能會注意到那種難以言喻的恐懼感和侵入性思維變得更明顯。

看看這些低血糖時的身體變化，你就會了解為什麼我建議你，若想要找到焦慮的原因，就得先檢查你的生理狀態。若你在血糖已經很低的時候，還試圖寫日記或冥想，就好像想要讓車子動，卻沒檢查油箱，反而從修引擎開始一樣。血糖就是油箱裡的汽油，如果你的指針已經掉到焦慮那一端，你就必須把油加滿。

食物與焦慮

很多人都注意到他們攝取的食物與焦慮程度有很大關連。就像父母必須負責任地決定孩子把什麼東西吃進身體一樣，你作為自己身體的家長，就必須判斷什麼能讓你覺得愉快、清醒、感覺到連結、有活力、感覺被愛，以及哪些東西反而會讓你焦慮。留意你攝取的食物，就等於問自己：「什麼東西長期下來會讓我感覺健康？什麼能幫助我感覺清醒又有活力？讓我覺得易怒、焦慮和當機的，又是什麼？」

問問自己，並開始注意你在吃、喝或攝取下列物質時，感覺如何：

- 糖。
- 咖啡因。
- 酒精。
- 尼古丁。
- 大麻。
- 洋芋片。
- 汽水。
- 乳製品。
- 精製穀物。

攝取刺激性物質會放大你的神經系統，因而強化焦慮。雖然咖啡因和糖不一定對每個人都有負面影響，但我發現絕大多數的患者，在從他們的飲食中減少或戒除這些物質之後，焦慮就減輕了，也發現自己更能夠和自己以及周遭的人互動。

從你的飲食中排除某些食物需要自律，不過，當你告訴自己：「我知道你每天都想吃餅乾，但我也看得出來餅乾會讓你焦慮易怒，所以我們還是得克制一下」時，也是在學習如何成為自己身體慈愛家長的一部分。每個人對毒物或過敏原都有不同的耐受度，因此，和自己的身體保持連結，並留意各種食物對情緒狀態有什麼影響，是很重要的。食物的選擇並沒有對每個人都適用的規則，只有你和自己的身體以及食物的特有關係。

注意：如果只要我說「克制一下吧！」也很容易，但如果食物、藥物或其他物質，已經取代了能夠向內連結的真正營養，或是成為你逃避不適感的一種方式的話，那麼這件事的層次，就不再單純只是決定是否避開它而已，更可能已經是成癮行為。若是如此，我們的工作就會更深層，也會花更長的時間，需要持續的投入去協調你的內在；這麼一來，你就可以停止自我放棄，並且學會「全方位地愛自己」所代表的意義。這並不是一蹴可及，但也許你所種下的另一顆種子，能夠激勵你，為你自己採取更充滿愛的行動。

酒精與焦慮

「我這週末好焦慮。」一位患者在週一的諮商時間這麼對我說。「我在過去這幾個禮拜感覺一直很好，但這個週末就好像又倒退了五大步一樣。」

我說：「談談妳的週末吧。」

「嗯，星期五晚上，我和男友跟一些朋友出去，我喝了幾杯酒。星期六去參加婚宴，又不小心多喝了幾杯。星期天早上起床的時候就覺得很廢，接下來的一整天，我已經很熟悉的那種腸胃打結的焦慮，一直如影隨形。我瞭若指掌的那些內心無法擺脫的反芻思考，又迅速衝進我的腦海裡：如果我不夠愛我男友怎麼辦？如果我是同志呢？接下來妳都很清楚了。」

「是，我知道。妳有任何一點觸發因素的線索嗎？」我已經知道答案，但還是這麼問。

「很可能是酒精。」

「對，很有可能。」

令我訝異的是，我已經和無數患者，進行過多少次相同的對話了。解決方式似乎很簡單，倘若科學已經證實酒精會激起焦慮，那麼完全排除或顯著降低酒精的攝取，便能減輕焦慮。但當我這麼建議時，卻常常遇到患者的抗拒。這情況和我建議減少或戒除糖、麩質或精製穀物時不同，它們也不是很容易就戒得掉，但在我們的文化裡，它們和酒精的社會地位完全不同。

我們生活在一個酒精成癮的文化中。酒精被用來作為社交潤滑劑，也有許多人變得對它依賴，讓他們在社交上覺得自在；如果沒有酒精，這些人就會感覺迷惘。矛盾的地方在於，雖然酒精能夠作為社交潤滑劑，並在當下就有擊退焦慮的作用，但吸收酒精的結果是焦慮的宿醉，通常會持續好幾天，尤其是對高敏感的人。為了幾杯酒而犧牲你的心理健康，值得嗎？

我有許多患者說，在他們徹底戒酒之後，感覺好多了。他們說：「我真的連一口都不應該喝。」其他人則是在調整飲酒量後，像是每幾週喝半個酒杯滿的葡萄酒之類的，感覺很不錯。但要達成這些轉變，他們必須先克服自己的抗拒。

有些抗拒的原因，是因為社交對他們來說很難，他們也判斷自己有社交焦慮症。在我聽到這種自我診斷時，我會問以下的問題：「你和一小群人一起出去的時候會覺得不自在嗎，還是只在大型聚會時？」只有大型聚會。「如果和一群興趣相投的人在一起，重點不是狂歡，這樣你在社交上會覺得扭捏嗎？」不會。「你最喜歡的社交方式是怎樣的？一小群人還是一對一？」一對一。

接著，我就會提出我的新「診斷」：你沒有社交焦慮症，你只是內向而已。

當你認識自己、也知道自己如何能比較悠然自得的時候，就可以不用再試著把自己塞進文化預設的「酷」與「好玩」的模式裡。患者常告訴我，當他們週末不再喝酒狂歡之後，朋友或室友會嘲笑他們很無聊。「會怎樣嗎？」他們這麼回答。「我不覺得我的生活無聊。我很快樂，而且不再焦慮。」

要踏出這個框框需要勇氣。我們活在一個偏好外向性格和飲酒的文化中，毋庸置疑。當你走出那個模式時，就表示你在從主流跨出去。但在你選擇減少或乾脆謝絕狂歡時，對你降低酒精攝取的決心大有助益；此時，你正在為自己下一個非常關懷自己的決定。這個決定不只崇尚你原本的樣子，並將你對生活中不再有焦慮的渴望，優先擺到你想融入社會的欲望之前。

運動

談到焦慮，運動不只能預防，更是不可或缺的。倘若我們規律地運動，就能在自己的有形身體內，創造一個對焦慮而言不那麼具吸引力的環境，比較不會受其影響；而且當焦慮在鼓譟的時候，運動可以降低它的強度。運動是真正的良藥，因為它能促進腦內啡（endorphins）及去甲腎上腺素（norepinephrine）這些神經傳導物質的釋放。這兩種物質都能讓頭腦更清晰，提高抗壓能力、自信，並改善睡眠。美國焦慮與憂鬱症協會（The Anxiety and Depression Association of America）提出：「輕快的散步或簡單的活動，就能帶來幾個小時的放鬆，效用和頭痛時吃阿斯匹靈一樣。」哈佛醫學院專題健康報告（Harvard Medical School Special Health Report）的研究也顯示，運動和抗憂鬱藥物一樣有效，而且運動的效果更持久。

人類的身體是設計來整天活動的，但我們的文化變得越來越懶惰，也越來越習慣久坐。實際上，在人類史上大半的時間中，人類日常生活的一部分就是活動身體。如同野生動物一般，人們運動也是生活的規律，與進食並無二致。換句話說，人們刻意的運動，反而還沒有他們日常生活的活動頻繁（狩獵、煮飯、洗衣、走到河邊），這讓他們的身體結實，得以保持健康。因為現代工作多是久坐型，我們因而必須每天都活動身體。我們從現代生活的便利所獲得的，也正是我們失去的——和生理健康那原先不須努力追求的連結。如果你的生活型態需要長時間久坐，焦慮所告訴你的另外一個訊息，就是站起來活動。

許多人覺得，找尋他們可以持續投入的運動形式百般困難，也對這樣的信念無法招架——運動必須是一整套計畫或看起來得像某種樣子。我們必須活動身體，但那並不表示我們得加入健身房，每週熬過五堂有氧課程，除非那是你的興趣。事實上，美國焦慮與憂鬱症協會指出，研究運動如何減輕焦慮及憂鬱的心理學家，認為走路十分鐘，就可能和運動四十五分鐘一樣有效。

如果我們想規律地活動身體的話，大多數人都得很努力，這毫無疑問。但若你不喜歡運動，就無法享受它；若運動感覺像在做苦工，它就會掉到優先待辦事項的最底層，每次這件事浮現的時候，抗拒都會大獲全勝。為了抵禦抗拒，從你真正喜歡的活動慢慢開始，是很重要的。這種活動通常會有額外好處，像是邊走路邊和朋友聊天或在從事園藝的時候，享受身在戶外的寧靜。如果你還沒開始這麼做，請試著找一種能讓你得到鼓勵，並真正享受的運動。

睡眠

談到焦慮，睡眠就是一個很難處理的主題。你雖然知道以各種層面來說，充足的睡眠都是有益健康的，也能緩解焦慮；但若你正被失眠折騰，睡眠已經成為你焦慮的來源的話，光是聽到睡眠有多重要，就會讓你的焦慮更嚴重。既然焦慮和睡眠息息相關（在美國，每年有六千萬人被診斷出有睡眠障礙），你閱讀本書的原因，很可能就是你曾受或正在受失眠的折磨。

我會這麼說：如果你睡眠不足的原因，是你的個人選擇的話（因為打電動或看影片而熬夜），就請在這些方面改變。就像慈愛的家長會確保他們的小孩培養健康的睡眠習慣、鼓勵孩子們在合理的時間上床睡覺一樣，我們內在父母的其中一項任務，就是告訴我們：「我知道你想再看一集，但已經是睡覺時間了。」打個比方，若你迷上了一個節目，可能會需要堅定的努力，才能讓自己擺脫螢幕的超強吸引力。倘若你能提醒自己隔天的疲倦會強化焦慮，因此熬夜是不值得的，你就更有可能做出關懷自己的選擇。

然而，若你睡眠不足的原因，是你雖然試著準時上床，但卻為失眠而苦的話，請繼續讀下去。失眠有許多原因，它們全都是來自身體單一或好幾個方面的訊息——身體、心理、頭腦或心靈，這些部分需要你的注意。失眠可能是在告訴你，你需要更多運動，或是得學著如何維持血糖的規律；也可能是在告訴你在白天時，沒有花足夠的時間安靜下來滋養你的心靈，因此它才把你喚醒，如此一來，你就能吸收夜晚的沉寂。失眠是焦慮最強的使者之一，因為在白天的忙碌和嘈雜中，我們很容易就能避免焦慮的召喚；但在夜晚的寂靜和黑暗中，要忽略它卻艱難得多。你越是從根源來處理焦慮，聆聽那些在凌晨三點敲著心靈之門的訊息，就越能得到健康的睡眠。

荷爾蒙

荷爾蒙是有學問的，就像焦慮中也存在著智慧一樣；因為它給你的警訊不只是生理上的失衡，還有在你心靈與情緒的領域中，需要留心的那些區域。我們生活在猖獗的洗腦文化當中，試圖貶低女性，並無視她們在每個月或是生命中的某些時期（通常是生理期前後或更年期），荷爾蒙影響格外顯著的那些經歷；甚至將女性生理期的前一週視為一種症候群，也就是所謂的經前症候群（PMS，premenstrual syndrome）。在這些荷爾蒙影響特別明顯的時候，女性所表現出來的任何情緒與需求，通常都會被視為沒有任何價值；不管是女性本身或周遭的人也都這麼認為，還會說出「那只是荷爾蒙在作祟」這種打發的話。這也有一種相對應的想法，認為荷爾蒙會讓女性瘋狂，失去理性。事實上，在這些時刻，女性被剝奪了某些正常來說會成為緩衝的荷爾蒙，也正因此才有機會，把不再適合我們的心態和行為模式看得更清楚。我們沒有失去理性，也沒有發瘋；我們只是看見了在這個月的其他時間裡，或是在邁入更年期前的幾十年中，那些被掩蓋起來的事物。我們的挑戰在於學會清楚並溫和地表達我們的需求，然而，我們所見的內容，不應該用一句籠統的「那只是荷爾蒙在作祟」來敷衍。

順帶一提，如果上段文字引起你的焦慮，因為在受荷爾蒙影響的期間，你恐懼的想法變得更強烈，而讓你現在正感到迷茫，是否應該將這些焦慮思考視為真實，召喚你慈愛的內在家長，讓他們提醒你，這些焦慮情節不是你的真實，而是求救的火光，指向內在那些不平衡且需要關照的地方。如果只是接收表面的意義，你將陷入焦慮的未知困境中；但若你將它們視為生命中的荷爾蒙週期裡，比較躁動的信使，就能開始聽見更深入的訊息（下一章有更多處理這些想法的方式）。

荷爾蒙失調可能對身心安樂造成破壞性的禍害，這件事毋庸置疑；荷爾蒙可以引發焦慮，而焦慮又回過頭來加劇荷爾蒙的影響。換句話說，焦慮要傳達的訊息，有時候是因為荷爾蒙失調，需要你的注意；但在別的時候，倘若你能夠關照自己四個領域中的其他面向，荷爾蒙就得以再次平衡。如果你想讓荷爾蒙平衡，我希望你留心自己的處理方式。我們的醫療文化尋求用處方藥物，例如常用的避孕藥，來根除經前症候群的不適症狀；但我們沒有注意到的是，避孕藥不只無法解決荷爾蒙失調的根源，而且還可能導致嚴重的焦慮。若你和我的其他病人一樣，開始感覺或加重焦慮的原因和服藥有關的話，我鼓勵你考慮用其他方式來面對荷爾蒙失調。最有效的方法，是讓經驗豐富的自然療法醫師加入協助；但如果對你來說不可行，還是有許多替代療法的書籍，可以幫助你更加平衡。

若你從試著擺脫荷爾蒙失調帶來的不適感，轉變為學習去面對它，就能開始解讀它的訊息，這和面對焦慮是同樣的道理。在這些荷爾蒙轉變的時刻，經常會浮現的一個訊息，就是從生活的喧囂中抽離與轉向內在的需求；轉向你能夠傾聽自己和自己獨處的地方。如果正在讀這本書的你是男性，請記得男人也會經歷荷爾蒙的轉變。人們提出一些滑稽的說法，像是「男性經前症候群」（He-MS）和「男性更年期」（manopause）。但在這些玩笑話裡，有些部分卻是真的。毫無疑問的是，男人的生命中也有這些時刻，也會因為生理變化，而招致情緒與心理的轉變。男人和女人一樣，如果我們不聆聽荷爾蒙變化時其中埋藏的訊息，就會使焦慮惡化。但倘若我們轉換心態，將荷爾蒙的溝通視為身體傳遞訊息的另一個使者，要求我們去察覺，我們就能開始聽見真正的訊息，焦慮也會平靜下來。

16 三十日挑戰

若你尚未從日常飲食中減少或戒除糖、咖啡因與酒精，請開始留意這些刺激性物質和焦慮之間的關係。如果你注意到了，我鼓勵你在身體的領域做個改變，並維持三十天，你的直覺會讓你感覺更冷靜、更清晰。這可能是每天早餐都吃得很健康，低糖並富含蛋白質；也可以是確定自己晚上十點前已經上床，而且不能有外界干擾；或可以是每天花點時間輕快地走路。著手進行一樣簡單且可行的改變，並積極注意與紀錄，這些改變對你的焦慮是否有任何正面效果。

思考的領域

思考，是靈魂為了躲避內心的棲身之處。

——麥克．辛格（Michael Singer）

在我們學著如何面對自己的思考、分辨真實與虛假、導正扭曲的認知，並以清晰與智慧來回應這些想法時，我們就是在從身體轉而朝向心靈，繼續穿越自身的四個領域。我們雖邊學著數學、閱讀、歷史和地理長大，卻沒有人教導我們心智的邏輯，以及如何在我們內心心智的風景中，順著其地勢找尋方向。有些每分每秒在我們的心智中轉瞬即逝的想法，是健全也必要的；但當我們不懂得如何處理時，焦慮就會以顯著的樣子浮現。其中最痛苦、最令人不安的想法，可能會形成焦慮與恐慌的洪流，並導致無法言喻的心理磨難；這就是我們所謂的侵入性思維。

侵入性思維與焦慮在認知方面的表現

就像焦慮會藉由身體展現一樣，它在心智上，會以想法與執念的形式顯現。我還沒遇過哪個被焦慮折磨的人，在他們生命中的任何時刻（通常從童年或青少年時代開始），從來都沒有因為侵入性思維而困擾。舉例而言，我們的文化強調「只要有一點懷疑就別去做」這句話，因此當我們發現自己陷入「我是不是跟錯的人在一起？」或是「我是不是入錯行了？」的侵入性思維中時，就認為這一定是真的。要把焦慮的心智送進偏執且自我厭惡的過度虐待中，最快的方法就是肯定那個侵入性想法絕對是真的。

侵入性思維到底是什麼？它是不斷重複的多餘想法，牽涉的範圍很廣，不只造成痛苦，更不讓你活在生命的當下。

我們一整天都有成千上萬的想法進入腦袋，但侵入性思維和其他大部分的想法不同，它會把自己的尖爪嵌入意識中，不肯放手。它說服你自己是真的，因而造成內在的磨難。讓我們看看我最常遇見的侵入性思維，但請相信我，即使你個人的想法沒有在這裡列出，這世界上也沒有任何侵入性思維會讓我驚訝。

- 假如我愛錯人了？

- 要是我不夠愛我的伴侶呢？
- 假如我不愛自己的小孩？
- 假如我是異性戀呢？
- 假如我是同性戀呢？
- 如果我住在錯的城市怎麼辦？
- 假如有更適合我的房子呢？
- 如果我選錯工作、入錯行怎麼辦？
- 要是我錯過命中注定該做的事怎麼辦？
- 我小時候是不是被猥褻過，可是我不記得？
- 假如我不忠誠呢？
- 如果我朋友不夠多呢？
- 如果我傷害了誰呢？
- 假如我傷害了一個小孩？
- 要是有恐怖攻擊的話怎麼辦？
- 假如世界末日到了？

- 如果我殺了人？
- 墜機怎麼辦？
- 如果我的小孩受到某種傷害呢（被綁架、虐待或殺害）？
- 假如我有性病？
- 假如我得了絕症？
- 如果我不可能懷孕呢？
- 如果我的胎兒有問題的話怎麼辦？
- 要是我在公眾場合出糗的話？
- 假如我終將流落街頭、孤獨一人呢？
- 如果我沒錢了要怎麼辦？
- 假如我在睡夢中死去呢？
- 對兒童來說，最普遍的侵入性思維是：要是爸媽死掉怎麼辦？而對青少年來說，最常見的問題是：我會不會是同性戀？

不要讓自我的說詞說服你：「就因為你的想法不是以『假如』兩個字開頭的，而是以陳述或事實的方式呈現，所以它們不是侵入性思維，而是真正的想法。」自我有其抗拒成長的策略，任何可能削弱此策略的意見，它都想要摧毀；這是自我最老掉牙的把戲。下面是關於侵入性思維的其他事實：

被侵入性思維折磨，是一種心理上的成癮。它不是物質成癮，例如藥物、酒精、咖啡因或食物；也不是行為成癮，像看成人片、打電動、被螢幕吸住或購物。但其運作方式與它們相似，侵入性思維被用來麻痺情緒上的痛苦，不讓你完整活在生命的當下。侵入性思維是出色的防禦機制，保護你不讓你接觸更脆弱的感覺。

侵入性思維通常指向完美，它在你的耳邊低語一段故事，言下之意就是這樣的信念：「如果你能獲得完美的伴侶、工作、房子或小孩，就能從身為人類的痛苦解脫。」

如同我先前提到的，侵入性思維有個很明顯的特質，就是它看起來幾可亂真。對未曾受過訓練的心智來說，要分辨這些想法和真實可能很困難，這通常是焦慮的起點，如果你相信這些想法是真的，就會上鉤並陷入其無限循環之中。從未受訓練的心智，轉變為讓心智受足夠的訓練，是從焦慮療癒的關鍵之一。受過訓練的心智有兩個特質，就是有能力決定哪些想法是需要注意的，並且清楚區別真實和誘餌。為此，你必須先發展存心留意的技巧，接著運用抉擇片刻（choice-point）向前進，也就是在刺激（想法）與反應（你如何回應這個想法）之間的那一刻。

運用抉擇片刻

關於想法，我最常告訴患者或學員的，是這些敘述：

只因為你在想這件事，不見得就代表它是真的。

每個人都有黑暗、神祕、不尋常、愚蠢和瘋狂的想法，但很少有人會說到。有黑暗的想法，並不表示你是壞人。

想法跟行動之間還有很大的差距。

在這沿途上的某處，我們學會屈服於某些出現在意識中的想法或感覺。也許更精確地說，是我們從來沒有學著培養自己明辨的能力，讓我們能夠判斷哪些想法是真實的，又有哪些只是妄想。再者，也許這破壞力更大：因為我們的文化傾向隱藏個人想法與情緒，表面呈現的是一張張快樂的臉孔，所以我們無從知道每個人偶爾都會有黑暗的想法。在缺乏常態化的情況下，我們的羞愧落地生根並發芽，我們已經知道從羞愧到焦慮僅僅一步之遙。羞愧和好奇心是互斥的，當你意識到你所有的想法都很正常、很普通，並藉此擺脫羞恥，就能更有效地處理它們，也對它們更加好奇。

一旦常態化之後，關鍵就在於如何運用抉擇的片刻，否則你將成為自己想法的受害者。你腦中閃過一個念頭，例如「我待的城市不適合我」或「我得了癌症」，而你卻立刻把它理解為真實。接下來你會碰上的，就是在焦慮的慌亂中作繭自縛，陷入你信以為真的那個想法魔力中。或是當你的妻子過來和你擁抱親吻時，你卻覺得尷尬；影響你的是恐懼與抗拒的力量，以及讓你的反應別具意義的故事情節，導致你繃緊神經，巧妙地躲避她。

這就是為何在內心培養堅強及充滿智慧的存在（內在家長或自身的慧心）是非常重要的，它能夠根據清晰的智慧及價值做決定，而不是快速略過想法和感覺。在你的心智與身體中，想法和感覺像荷爾蒙一樣波動，若你缺乏自己內在的力量，終將不斷遭受它們的打擊。倘若你靠著想法和感覺的羅盤為自己的人生掌舵，你必定活在滔天巨浪中，就像讓三歲小孩打理家中的一切一樣。

有其他選擇嗎？當你面臨抉擇片刻時，也就是面對想法或感覺，決定相信或對其採取行動之間的那個停頓，就能贏回你所有的力量。維克多・法蘭克（Viktor Frankl）說過一段頗受頌揚的話：「刺激與回應之間存在著一個空間，在那空間裡的，就是我們選擇如何回應的能力。潛藏在我們的回應中的，是我們的成長與自由。」就是在那短暫卻具決定性的瞬間，你才能夠問：「我想要緊抓住這個想法嗎？」若你能將人生放慢到每個細微的時刻，如果能像電影一樣改變時間，把它變成慢動作，並將關鍵的一刻拉長延伸，在那個瞬間，你的心智像猛然脫軌狂奔的火車頭，倘若你能取而代之地將它引導回清晰思考的平穩軌道，一切將會非常不同。這聽起來像是個嚴峻的挑戰，也的確不容易，但如果你想重整自己的腦袋，用其他方式面對刺激，避免過度使用你焦慮的心智的話，這正是你必須做的。

舉例而言，剛剛的男子對自己的抗拒深信不疑，因而拒絕自己的妻子。他可能會想：「我身體裡的這種感覺，表示我並不是真的愛她。」並因此讓這種很可能是來自他內心深處恐懼之地的感覺，揮之不去。如果他相信這個想法所編造出的情節，恐懼的高牆將變得更加牢固。相反地，若他能分辨這個想法只是虛構故事，並決定正面迎擊或把它拋在腦後，就已經是踏出了關鍵的一步，從不斷加劇的焦慮解脫。沒有謊言的阻礙之後，他就可以選擇自己的下一個行動，但願他會對妻子溫柔一些。

正是他在那一刻告訴自己的故事，會決定接下來發生什麼事。他的自由就存在於刺激與回應之間，那關鍵的一刻。無論任何時候，只要是焦慮的情節占了上風，就必然如此：你越早辨認出它是侵入性思維或恐懼的想法，就能越快取得主控權，避免自己掉入焦慮的謎樣國度中。

培養洞察力：只要你灌溉了，無論什麼東西都會成長

到了抉擇的那一刻，能夠清晰決定並設定界線的內在慈愛家長，就可以決定要探索哪些想法、如何探索，以及哪些想法需要拋諸九霄雲外。換句話說，你希望自己能認可這個想法，而不是胡亂把它塞在一層羞恥後面，但也不想給它太多關注。在人們學到如何有效地處理想法之前，大多數人都傾向在兩個極端之間躊躇不定：一方面，他們試著避開該想法，試著以慚愧將其深鎖；但另一方面，他們會藉由上網搜尋或談論它，再三尋求確認，然後才發現想法的成長，是以關注作為養分。若你給一個負面想法越多養分，它就會越長越大，直到完全接管你的心智。

只要我們灌溉了，無論任何東西都會成長。

許多年前的一個夏天，當我下定決心打造一個生氣蓬勃的美麗花園時，這個概念給了我一些啟發。在春天，我收起自己的藉口，像是沒有時間、腳邊還有幼兒爬來爬去，根本不可能之

類的——而經由好友的指導，著手在溫室內的自製燈箱之下，種植幼苗。我和大兒子每天都忠實地照顧這些植物，當每株小小的綠色幼苗發芽，把頭探出地面時，我們就很高興。我們幫它們澆水、換盆，也給它們很多的愛。埃弗瑞斯堅持我們得待在旁邊吃午餐，確保植物們感覺被愛。等到終於能移植到室外的時候，我們也溫柔且小心翼翼地執行。今年一定會是我們直接從後院豐收豌豆和羽衣甘藍的一年！

經過了幾個禮拜，一切都很順利。我每天花時間澆水除草，豆子當然開始欣欣向榮。每天，我和兒子趁著寶寶睡午覺，採收豆子、嚼得津津有味的時候，我的心靈彷彿在飛舞。在繁忙的生活中，我每天為了專注在花園上而騰出的十五分鐘，變成一個儀式，以純粹的愉悅給我滋潤。最能帶給我快樂的，就是走到溪邊去把兩個水桶裝滿，然後在每株植物的根部慢慢灌溉。接著，雨季來臨了。連著幾個禮拜，每天都下著傾盆大雨。我在好幾天的缺席後重返花園時，根本沒想到眼前會變成這種景象：雜草的大暴走。雜草跟豌豆交纏在一起，彷彿要把羽衣甘藍和小黃瓜勒死；雜草在豆叢中跳來跳去，也在南瓜園裡笑開懷。我一絲不苟的純手工給水，卻不敵大自然幾天的無差別灌溉系統。

你也許會想，這跟想法和療癒過程有何關聯？我來告訴你：當你腦中閃過一個負面念頭時，你可以選擇自己想要如何回應。如果你幫它澆水，它就會長大，就像我花園裡那些不請自來的雜草一樣。你越是持續幫它澆水，它長得越大。一旦你的負面念頭長得像加州路邊的雜草一樣大時，就必須非常努力，才能連根拔除；你得雙膝跪下，親手去拉。要是這樣還不管用，就需要拿出鏟子和乾草叉，挖到削株掘根為止。藉由學習如何有效地處理這種想法，在很多情況下，這代表不要給它任何水分，在剛發芽時就立刻把它摘掉，還容易得多。

每個念頭都是一顆種子。你無法控制哪些種子要落在心智的花園中；它們不經允許也毫無預警，就隨著人生這陣風的吹拂而抵達。舉例而言，妳可能和新生的寶寶快樂地度過一個早上，卻倏地冒出這個想法：「如果我突然害他受傷怎麼辦？」在那一刻，妳就握有決定權。妳可以選擇用更多的恐懼想法來為它澆水，像是：「天啊，我居然會有讓自己孩子受傷的想法，這一定表示我心底其實沒那麼愛他。如果我像著魔一樣傷了他呢？我失控的話怎麼辦？」接著妳就像當機一樣，在初為人母的焦慮中慌了手腳；但妳也能選擇駕馭已經習以為常的恐懼反應，運用心智中理性的那個部分，告訴自己：「大部分的新手媽媽，有時一樣會冒出那種想法。我累壞了，不知所措，但我知道我愛寶寶。此刻，我不會再多給這個想法任何一瞬間的注意；但當我有時間時，我會去找尋這個想法可能指向的，是我內心哪個需要關照的部分？」

同樣地，我也曾和許多新手媽媽一起努力過，她們雖然深愛孩子，腦中卻仍會閃過「我恨你」這個念頭。每次解剖這個想法時，我們發現到的，都是「我恨你」的表面下藏著的，其實是「我討厭這樣：我討厭自己一個人累得不成人形，手忙腳亂，不知道自己在做什麼。」這些想法經常不是它們顯現出來的表象，若我們能夠妥善運用抉擇的片刻，就能決定哪些想法應該拋諸腦後，哪些想法又是指向其他訊息或更深層需要的箭頭與隱喻？

17 明辨你如何灌溉自己的想法

花一些時間，找出在下列的方式中，你是如何灌溉自己的想法？

- 談論它，或是尋求確認感。
- 把該想法寫進日誌。如果使用得當，日誌會是療效強大的工具；但若你紀錄的是那些想法本身，或是主要想法中暗藏的子集，你將繼續受困在那個念頭裡。
- 上網搜尋。
- 不停思考、反芻，想法糾纏不去。
- 探究該思維。

現在，仔細想想你放任自己在這些尋求確認感的策略中，是什麼感覺。你的焦慮暫時平息下來了嗎？還是因此更嚴重了？現在暫停一下並想想——確實地把自己看清楚，不要沉浸在這些策略裡，並且反其道而行，只需要好好觀察這個想法，並且問你自己想要如何回應？

象徵、隱喻與夢境

另外一個處理想法並運用重要抉擇片刻的關鍵，就是學著不要只從表面上的意義去理解每一個念頭。生活在影像的膚淺文化中有許多問題，其中之一就是學會只以表面去理解每一件事。你夢到自己和伴侶以外的人纏綿，接著就緊抓住這個最明顯的解讀不放：你私底下其實想和別人發生性行為，接著開始對婚姻感到焦慮。你發現自己瘋狂地想著前任，認為這代表你還想跟他（她）在一起，因而造成關係焦慮。你在半夜因惡夢驚惶醒來，因為你夢到自己得了癌症，然後就相信自己真的得了癌症（即便你最近做的健康檢查報告一切正常），因而開始為了健康焦慮。你的孩子對你尖叫，所以你認為他試圖操縱你，或是需要一點禮貌和尊重的教訓。這些詮釋也許看起來都夠合理，也的確受到主流文化的支持，但造成影響的，還有其他意義。

反過來說，人們之所以能夠放鬆地回應我的治療，部分原因在於我不太注重表面價值。我根據自己所受的訓練，忠實遵循榮格的觀點，把春夢理解成一個象徵，表示你渴望和夢到的對象互動；那個人，就是你尚未充分發展的那部分自己。我把和前任有關的侵入性思維視為一個指標，顯示你必須和那個人，或是他所代表的一部分的你，斬斷聯繫。我把死亡的夢（尤其是惡夢）看作隱喻，這往往表示某部分的我們已經準備好「消失」，嶄新的部分正待新生。我將五歲小孩的持續尖叫看成一個徵兆，表示他的基本需求沒有被滿足，而他正用自己所知的唯一方式，來傳達他未被滿足的需求。對於夢境、侵入性思維、疑心和小孩難搞的解析，這些都只是其中一種可能性而已。重點在於我們不應該用自己所見的表面詮釋生活。事實上，幾世紀來，深層心理學家與神祕主義者憑直覺所得知的，現在已經由神經科學證明了：根據布魯斯・立頓（Bruce Lipton）所言，人類由有意識的心智所主導的時間，最多不超過百分之五。

佛洛伊德（Sigmund Freud）和榮格為現代心理學帶來的禮物，是對潛意識的覺知，也就是比意識覺知更深層的一切事物。真正的感覺，並不總是我們所認為的感覺。投射在現實世界中的欲望，指向的是我們內在世界的需求。當我們能夠將徵兆視為隱喻，並理解它代表的是更深層的需求與渴望時，那千變萬化、跨次元且永恆的潛意識世界，將對我們開放。我們將變得擅長於探索深處，最終得以為自己的內在國度負起全責。生活不再被過度簡化，反而會有趣得多；矛盾的是，生活也可能變得沒那麼可怕。因為若我們不再活在表面，而是輕觸地底下的潛意識之流時，我們會遵循著事物的本質，而不是影像世界來過日子。我們和真實並永續的事物建立連結，而不是瞬間的曇花一現。我們仰賴著幾代前人的集體潛意識，以及維繫人性的那張隱形的網。我們與人類的本質、瞬息萬變的世界，以及互相聯繫的隱形織線所建立的連結，是幾種面對焦慮最強效的解藥。因此，轉化的另一個關鍵，就是將總是從字面解讀的心態，轉換為對隱喻的理解。

我們因為從出生開始就被制約，以字面意義思考，並用表面的價值看待想法和生理症狀；因此，要訓練我們的腦袋以隱喻來思考，需要一些時間。但當我們記起身體是以隱喻的方式發言，而潛意識喜歡在夢境和徵兆中創造多層意義時，我們的心智就會甦醒，焦慮煙消雲散。畢竟我整個人生都已沉浸在潛意識的世界中，這種思考方式對我來說，就像我的第二天性。當患者告訴我：「不管我睡前吃了多少東西，還是一直覺得餓。」我則會想：「你渴求的是什麼？是扶持、安慰，還是原諒？」若患者說：「我胸口灼痛已經兩個禮拜了。」我會想知道，「是什麼正在燒毀你的內心？」患者說：「我夢到自己死了。」我則深思著：「你死去的是哪個部分的自己？又有哪個部分已準備好重生？」

有時候分享這些想法並不適當，但在我說出來、一語中的之後，幾乎都會見到突然開竅的笑容；因為患者之前都繞過心智，以致生理層面直接受到影響。這些時刻代表著我們已經在思考真實，也漸漸開始療癒。焦慮已經完成它的任務：將潛意識帶到意識層面，療癒的扳機也蓄勢待發。

Exercise

18 隱喻的練習

寫下五個你最焦慮的想法、感覺與生理症狀，接著打開你的心胸，想像一下其中的隱喻會是什麼。當你以隱喻來思考，而不是用表面價值來看待這些想法時，留意自己有什麼感覺。

侵入性思維的隱喻

根據想法出現的頻率和內容，它們需要的是不同的照料方式。有時候你的腦中閃過一個黑暗或奇怪的念頭，但你可以用簡短的常態化敘述，把它推到一旁，像是前述新手媽媽和嬰兒的例子。如果你練習夠多次，而且這個念頭原本就不是焦慮的信使，不是預計要藉由侵入性思維的隱喻帶來訊息的話，那麼這個想法就會枯萎、死亡。

然而，侵入性思維的確很常是夾帶著厚禮的使徒，我們的任務就是將這個想法視為隱喻，拆開它的包裝，才能觸及中心的寶石。我在所有的課程中，都以這個輪狀圖作為工具，來破解想法：拿一張紙在正中央畫個圓圈，把該想法寫在中間，然後以它為中心，畫出幾條向外放射的線，彷彿陽光一樣。你將在每條線的末端，寫下你需要照料的真實傷痕、感覺或信念——也就是這個侵入性思維意味著什麼？

舉例而言，在前來求助的患者身上最常見的侵入性思維之一，是「我的伴侶不夠吸引我」。如果只從字面思考，多數人對這個想法的回應會是「那你該離開了」。尤其我們的影像文化都將「無法抗拒的身體誘惑」，放在「另一半必備條件」的第一條，沒得商量。然而，我有幾千名患者都能夠超越我們的習慣性反應，不從字面價值去解讀想法，並取而代之地找到聆聽此訊息的勇氣，因此仍和伴侶維持健康且充滿愛的關係；和他們一起努力過後，我知道前述想法只是個隱喻。圖二是覺得伴侶不具吸引力的輪狀圖，來自一位在懷孕後期，受吸引力的芒刺重創的患者。它顯示的是如何解構這個想法，並轉譯其訊息。

請記得，這些圖每個人畫起來都不同。對許多人來說，暗藏在「我對你沒感覺」這個想法中的，是「我對我自己沒興趣」或「我對生活沒興趣」。這兩點都可能指向舊時或現在的傷

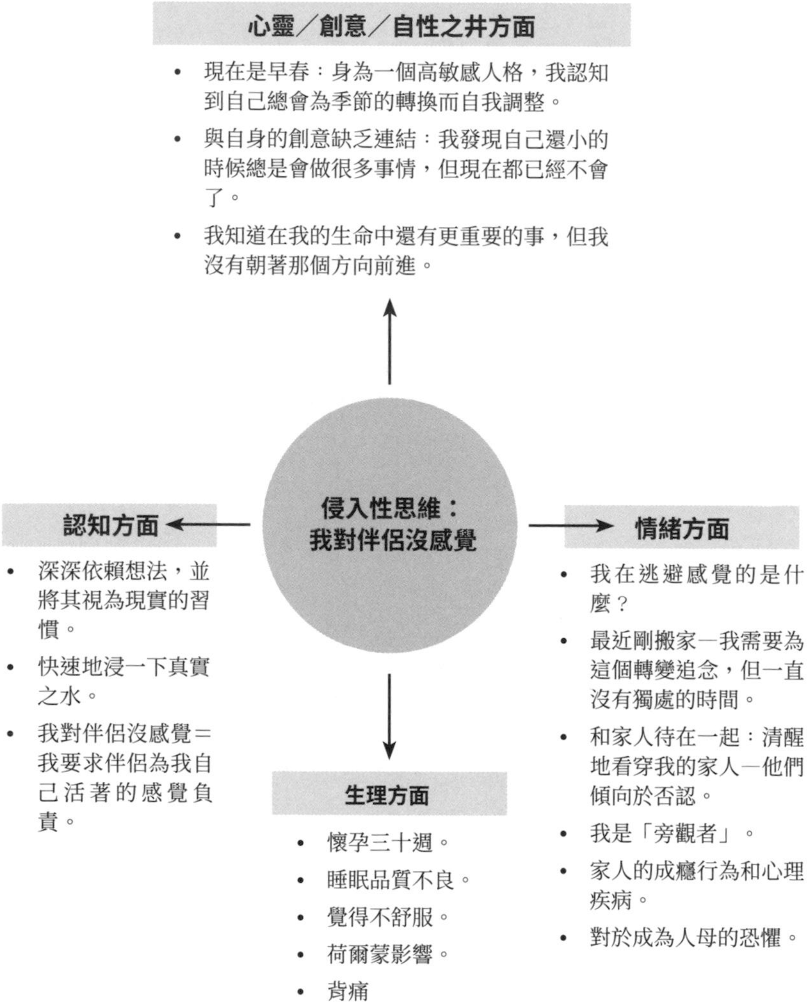

心靈／創意／自性之井方面

- 現在是早春：身為一個高敏感人格，我認知到自己總會為季節的轉換而自我調整。
- 與自身的創意缺乏連結：我發現自己還小的時候總是會做很多事情，但現在都已經不會了。
- 我知道在我的生命中還有更重要的事，但我沒有朝著那個方向前進。

侵入性思維：我對伴侶沒感覺

認知方面

- 深深依賴想法，並將其視為現實的習慣。
- 快速地浸一下真實之水。
- 我對伴侶沒感覺＝我要求伴侶為我自己活著的感覺負責。

情緒方面

- 我在逃避感覺的是什麼？
- 最近剛搬家—我需要為這個轉變追念，但一直沒有獨處的時間。
- 和家人待在一起：清醒地看穿我的家人—他們傾向於否認。
- 我是「旁觀者」。
- 家人的成癮行為和心理疾病。
- 對於成為人母的恐懼。

生理方面

- 懷孕三十週。
- 睡眠品質不良。
- 覺得不舒服。
- 荷爾蒙影響。
- 背痛

圖二　輪狀圖：我對伴侶沒感覺

口，圍繞著是在你已經失去活力的領域中，原有的從容和自我價值。倘若你能訓練自己將侵入性思維看作隱喻，並且繫上好奇心的頭燈，你內在世界需要照料的地方將得以顯現。

我的另外一個患者多年來受工作方面的侵入性思維折磨，接下來是她的例子。她在一家美國大企業做了十五年的事，能力傑出、得心應手，也讓她得以享有財務上的成功和穩定。但隨著小孩出生，她嚮往著改變，以獲得更高的自主性與彈性，辭職後很快就創了業。一開始她活力奔放，卻很快就開始注意到一個無中生有的疑惑：「這真的是我要做一輩子的工作嗎？這份新工作是我的志業嗎？我難道不該做些更有意義的事嗎？我一定只是在遷就。」這些想法讓她白忙了好幾個月，因為她百分之百確信這些想法來自她的「真實」。只要她相信這些想法，就無法挑戰它們；但如此讓她越來越痛苦，該是脫離掌控的時候了。

在一次關鍵的療程中，我問她：「妳在大公司工作的十五年間，曾經有過這種想法嗎？」

「一次都沒有。」

「所以妳知道之前的工作不是妳的志業，但妳覺得自己只是在遷就的侵入性思維，卻一次都沒出現過？」

「對。」

「這告訴了妳什麼？」

「告訴我那跟我的職業無關。那是住在我心裡的某個東西，不管做什麼工作，它都會如影隨形。」

「沒錯。」

「但它為什麼沒在我之前的工作出現？」

「因為那時候妳的注意力集中在關係上面，而且那份工作提供妳足夠的安定感，能夠平息妳的自我，因為自我能在安定的錯覺下恣意發展，例如穩定的收入、達到外在世界所定義的目標，或是得到經理的讚賞——也就是在大公司的職涯所提供的一切。」

「嗯，所以我真的只是從一個侵入性想法，換到另一個侵入性想法而已。我從專注在關係上，轉變成專注在工作上。」

「完全正確。現在，該是時候去照料隱藏在侵入性思維裡的事物了。妳需要的是什麼？妳把注意力放在這個想法上，是想逃避什麼痛苦？」

「是我對匱乏與自我價值的核心問題，是我對明確身分的需求。」

「沒錯。而且，我認為還有對接近妳最基本的存在需求無所適從。」

侵入性思維涵蓋許多核心需求與感覺，但其根源來自對確定性的需求。因為雖然現實無常定義了我們的存在，但我們的文化卻無法指引我們去發展對這件事的接受度，我們因而很難接

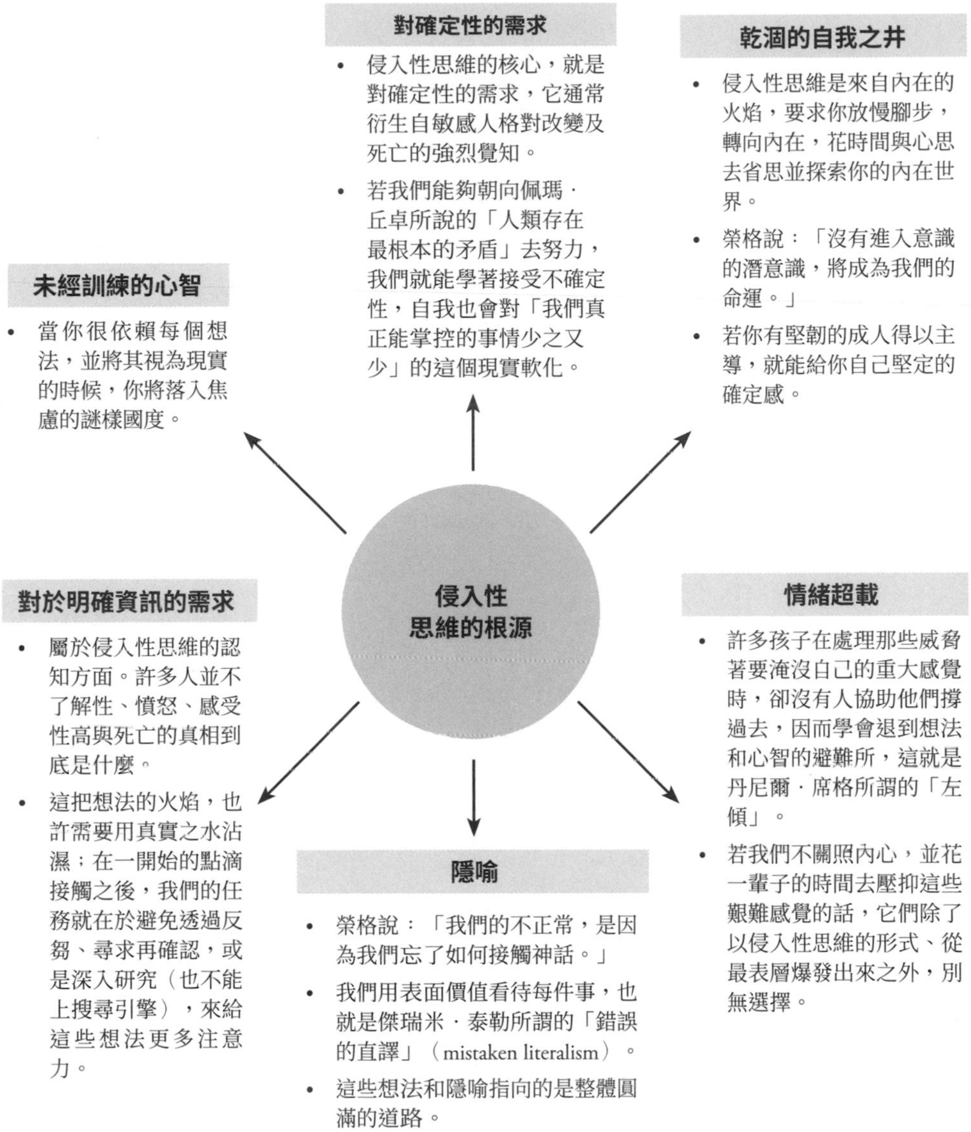

對確定性的需求

- 侵入性思維的核心，就是對確定性的需求，它通常衍生自敏感人格對改變及死亡的強烈覺知。
- 若我們能夠朝向佩瑪·丘卓所說的「人類存在最根本的矛盾」去努力，我們就能學著接受不確定性，自我也會對「我們真正能掌控的事情少之又少」的這個現實軟化。

乾涸的自我之井

- 侵入性思維是來自內在的火焰，要求你放慢腳步，轉向內在，花時間與心思去省思並探索你的內在世界。
- 榮格說：「沒有進入意識的潛意識，將成為我們的命運。」
- 若你有堅韌的成人得以主導，就能給你自己堅定的確定感。

未經訓練的心智

- 當你很依賴每個想法，並將其視為現實的時候，你將落入焦慮的謎樣國度。

侵入性思維的根源

對於明確資訊的需求

- 屬於侵入性思維的認知方面。許多人並不了解性、憤怒、感受性高與死亡的真相到底是什麼。
- 這把想法的火焰，也許需要用真實之水沾濕；在一開始的點滴接觸之後，我們的任務就在於避免透過反芻、尋求再確認，或是深入研究（也不能上搜尋引擎），來給這些想法更多注意力。

情緒超載

- 許多孩子在處理那些威脅著要淹沒自己的重大感覺時，卻沒有人協助他們撐過去，因而學會退到想法和心智的避難所，這就是丹尼爾·席格所謂的「左傾」。
- 若我們不關照內心，並花一輩子的時間去壓抑這些艱難感覺的話，它們除了以侵入性思維的形式、從最表層爆發出來之外，別無選擇。

隱喻

- 榮格說：「我們的不正常，是因為我們忘了如何接觸神話。」
- 我們用表面價值看待每件事，也就是傑瑞米·泰勒所謂的「錯誤的直譯」（mistaken literalism）。
- 這些想法和隱喻指向的是整體圓滿的道路。

圖三　了解侵入性思維的根源

受不確定性——也是我們很難接受任何形式之死亡的另一種表現。當人們轉換到生命的新階段時，不願去追念情感的消逝。我們沒有被教導如何悼念每天會不時出現的痛苦和失落；沒有心靈導師傳授我們如何完整地活出人生，也就是去感受自己所有的感覺。當我們過的人生並不完整時，自己其實會感到害怕，對死亡的恐懼將油然而生。

和不確定性共處：侵入性思維的呼喚

大多數處理焦慮和侵入性思維的主流方式，結果會像我先前提到的打地鼠遊戲一樣：一旦你解決了一個問題，得到的確定性足以讓你繼續前進，但你卻仍不處理那些侵入性想法的根源的話，你很快就會發現，自己又在試著敲暈洞裡那些帶著其他執念的地鼠。接著你會發現自己顫抖著掉進焦慮的謎樣世界，決心要為你的下一個撼動心靈的問題，找出明確的回答。

對於想法本身，你並不需要給予注意或解決問題。事實上，你根本不可能解決問題；因為基本上它們都是無法回答的問題。根本沒有任何抽血檢查，能讓你判斷自己是不是百分之百的異性戀或同性戀、你「夠不夠」愛自己的另一半，或是待在這個城市到底「對不對」。你要不選擇運用深層的自我信任與自我認識，來給自己還算滿意的回答；抑或是開始培養和不確定性的關係。就是在那個時刻，你才能發現存在於侵入性思維中心的贈禮。

我們就是不喜歡和不確定性並存；我們要的是明確的答案、可以定義的目標，我們固有的心智生來就會被控制欲吸引，也正因為如此，我們試圖創造掌控的幻覺。我們主流的教養和教育模式鞏固了自我的這項基本需求。當我們不尊重孩子天生的步調，強迫他遵從外在模式以求獲得肯定時，他與生俱來的自我信任將被削弱。成人輕忽地強化了自我對控制的需求，而不是幫助兒童培養他們與自身之間，那有助於他們和瞬息萬變的生命之流互動的連結。

充滿恐懼的自己相信的是，倘若你能夠回應當時的侵入性思維，在面對艱難問題的時候就得以逃避，並且毫不懷疑地了解自己沒事。因為恐懼的自己害怕危險，害怕可能觸碰到人性弱點的任何事物；因而創造出複雜且具信服力的理由，告訴你為何非得以某些方式改變人生，或是尋求確定感不可。它打造出掌控的錯覺；即便沉浸在腦中的焦慮或不確定性裡，那感覺非常不舒服；但人們還是經常覺得這種狀態，好過深入你內心那些矛盾與脆弱的地方。換句話說，你要問自己的問題是：「對我而言哪個比較重要？是要繼續依賴控制感的幻覺，還是學習愛的意義？」若你想學會愛自己與愛別人代表著什麼，就必須願意放開掌控。

治療的啟發當然不會像好萊塢電影那些戲劇性的精彩片段一樣。選擇去學習，而不是繼續被緊緊束縛在控制的安全堡壘中，這是你每天、甚至是時時刻刻都必須做的抉擇。這無疑是個嚇人的決定，它公然無視你花了一輩子的時間，所建立的每個安全感的幻覺；彷彿像佇立在永恆的懸崖邊，縱身跳入深淵那樣地令人恐懼。讓你自己感受那種恐懼——讓自己開始和生命之謎相處，而不是緊抓著你自以為能夠掌控的事物；真相是，我們能控制的微乎其微。人們計畫，是因為想知道下一個小時會發生什麼事，但生命那不可知的謎樣力量，可能瞬間就會推翻你的計畫。唯一的自由，是和未知成為朋友。在你面對未知之地感覺比較自在，並探索埋藏在這些想法中的禮物之後，侵入性思維將化為烏有。

19 拆解侵入性思維的四個步驟

要從侵入性思維療癒，需要經過好幾層的過程。依循這些基本步驟，能幫助你開始從這些想法中解脫：

1. 辨認該想法。對許多人來說，光是辨認且常態化發生在他們心智中的事物，知道這些念頭不是他們有問題的指標，而是為了幫助健全和療癒才出現，就已經是在復原的途中了。當你說出這個想法時，就已經是在降低它的危險性；因為你得先看見，才說得出來。這個小小的動作，代表你開始讓刺激與反應之間的距離越來越遠。

2.揭露謊言。倘若你相信這個想法是真的，你將陷入焦慮與憂鬱的國度中。但如果你說得出「這是我常有的侵入性思維，就算我以為它是真的，我也知道這並不是事實」，就能向解除對該想法的依賴，邁出重要的一步。

3.和深層的感覺一起待著。一旦你透過辨認想法、揭露謊言，去解除這個癮頭後，留下的就只有該念頭掩蓋起來的事物：一種身為人類，所經歷的匱乏、不安全、脆弱、悲傷與無所適從感。把呼吸集中在這些感覺上，並提醒自己，身為人類這件事，還有與其相關的一切脆弱之處，並不是你可以克服的。它無法修復，我們只能盡量用愛及慈悲陪伴自己；我們將在愛中找到自由。

4.對侵入性思維，提出一針見血的問題。「這個想法企圖阻止我去感覺什麼？」接著，請你自發地靜坐，直到你的呼吸引導你觸及自己的需求——不一定是一個解答，也可以是一個方向、路標，甚至是在寬闊的心中，被焦慮緊緊掐住的一道裂痕。讓好奇心的頭燈來指引，以及自我憐憫的緩衝墊來支撐你的探索。想像你是戰士，正在裝備自己的防具和護身符：一面盾牌、一只中間鑲著寶石的頭冠，加上一支長矛。而我們這些愛的戰士，在深入未知的內在國度時，也穿戴著內在慈愛家長的裝備，並肩而坐地陪伴我們嘶吼著吸引注意的那部分自己。（在下一章，你將會更清楚如何關照隱藏在侵入性思維之中的感覺。）

一旦你意識到需要關照的事物，就畫下一個輪狀圖。將隱藏在想法中的核心需求、感覺與信念，用視覺呈現出來。這將幫助你打破立刻依賴想法並信以為真的習慣，也能幫助你在腦中建立新的神經迴路，將這些念頭視為偽裝成隱喻的差使。請用本章提供的圖表作為你的嚮導。

感覺的領域

當我們阻止自己認知感受時，感受還是會繼續影響我們。許多研究都顯示，來自身體與情緒的內心世界的神經訊息即使沒有被認知到，卻還是會影響我們的思考與決策……。換句話說，你可以逃，但是你無法躲起來。

——丹尼爾・席格（Daniel J. Siegel）《第七感：自我蛻變的新科學》（*Mindsight: The New Science of Personal Transformation*）

在我們的中央，在我們的身體和靈魂的最核心，住著我們的心靈。當我們允許自己佇留在感覺的洪流中——當悲傷像是黑暗中渴求陪伴的孩子，在嫉妒刺痛我們的眼角，當憤怒像熔漿般灼熱，以及當喜悅哼著歌曲歡笑時，一一去感受這些感覺，我們的心就得以保持開朗、充滿活力，焦慮將被驅逐到邊境。

然而，我們卻更常把內心像瓶塞一樣堵起來，因為我們自年幼起就學會將內心深鎖。因為我們的文化，對於如何指引生活在其中的每一分子，去經驗重大且艱難的感覺，幾乎一無所知。但當我們關機又長期阻塞內心的時候，感覺的能量系統往往會被迫往上竄，以想法的形式進入腦內。當慣性侵入性思維進行掌控的程度，已經足以讓患者認為他們被自己的想法監禁時，通常就是人們得以發現療癒之路的時刻。如同麥克・辛格在《覺醒的你：暢銷百萬，歐普拉的床頭靈修書》寫下的：

如果你封閉痛苦，且不讓它通過，它就會待在你裡面。這就是為什麼我們天生的抗拒習性會造成不良後果。如果不想要痛苦，為什麼要封閉它並保留起來？你真的認為如果抗拒，它就會消失嗎？並非如此。若你釋放並讓能量通過，它就會消失。當痛苦在心中出現時，假如你放鬆並真的敢於面對，它就會過去。每一次你放鬆、放下時，就會有一小片痛苦永遠離開；但每當你抗拒、封閉時，內在的痛苦則會增加。這就好像在溪流中築堤壩一樣。於是，你被迫用精神在「經歷痛苦的你」與「痛苦本身」之間創造出一層距離，你腦中的那些喧鬧聲就是這麼來的；企圖逃避積存的痛苦。

我們不去感覺那些既原始又脆弱、積存下來的痛苦，卻反而往上打造安全又熟悉的思考模式避難所。我們沒有深入自己完整卻難以捉摸的軀體，卻反而陷入幻想，認為我們只要能答出這一個問題，就能找到確定感。我們就這樣繼續停留在一個以防禦和保護起頭的模式中，撤退到相對安全的心智避難所，繼續迴避我們的感覺。

我們為什麼要去迴避對健康生活而言，這麼自然且根本的事物？我們逃開，是因為文化的聲音一開始就告訴我們，我們的感覺是需要克服、避免或忽略的事物，在心靈的餐桌上，沒有它的位置。

在你閱讀接下來的幾段內容時，請注意那些湧上心頭、讓你胸悶，並要求從你的喉嚨和嘴巴釋放的，是什麼感覺。如果可以，請讓痛苦藉由哭泣、寫作、舞蹈、呼吸等等的方式顯現出來。痛苦感覺的要求只有一個：被看見、聽見與了解。當你慢慢靠近而不是推開它的話，焦慮將開始轉變，而你會朝身為人類的完整性跨出一步；除非我們允許自己去感覺完整的情緒光譜，否則這會是一種我們無法經歷的體驗。再次強調，焦慮是一個入口，也是通往更為脆弱的感覺的途徑，我們受邀藉其成為更圓滿的自己。焦慮抓緊我們的注意，發出警示，要求我們自問：「焦慮帶著防衛，想避免我去感受到的感覺是什麼？」當我們開始融化，並感覺自己的生活時，焦慮就算是完成了眼前的任務，將逐漸消退。

焦慮是感覺的虛主詞

焦慮有一點奇妙且迷人的成分，在於它其實並不是一種感覺。我們藉由生理症狀和侵入性思維，感受到焦慮在自己身體及心智上的展現，但焦慮本身不是一種實在的感覺，它反而代表著一些我們太害怕，以致於不敢面對的脆弱感覺。我將舉一個例子來說明。

多年前有一天，我和兩個兒子外出，在我們最喜歡的店買衣服。大兒子說：「媽媽，我們幫艾席爾看看雨靴吧。」

「好主意。」我回答，邊牽著艾席爾的手走向展示櫃。艾席爾馬上抓住一雙瓢蟲雨鞋，跟哥哥的雨鞋幾乎一模一樣，但哥哥的也已經裂到不能再穿了。艾席爾試穿後尺寸剛好，我們就準備往收銀檯去，但埃弗瑞斯邊咕噥著：「這樣不好，艾席爾不能比我先買新雨靴。」

「但你剛才明明說要幫艾席爾找新雨靴的！我不懂你在不開心什麼？」我不耐煩地說。

「如果我沒有新鞋子，我就不想要他有新鞋子。」他就這麼一路抱怨到結帳櫃檯。

這是對手足產生嫉妒情緒的經典例子，但我花了點時間才看出來。

幾分鐘後，在我們往下個目的地前進時，埃弗瑞斯抱怨說：「這樣不好，在我還沒有新雨靴之前，艾席爾不能先穿他的雨靴到溪邊。」

當埃弗瑞斯試著控制他生活中的外在情況時，很常說「這樣不好」這句話。以前，我都會試著說服他為什麼「這樣可以」，直到我了解到，面對受到恐懼及控制欲逼迫的自我，爭辯是沒有意義的。後來比較熟悉之後，我就更能從辨認他的感受著手，接著引導他深入他的感覺。

「聽起來你好像是想要控制，來避免讓你自己感覺羨慕。」我說。

「羨慕是什麼？」埃弗瑞斯問。

「羨慕跟嫉妒有點像。嫉妒是你覺得自己被排擠，像是爸爸跟艾席爾玩，把他逗得咯咯笑的時候。羨慕是你想要擁有其他人擁有的東西。要讓自己去感受這兩種感覺，都真的是很困難。」我解釋著。

「妳是說綠眼怪獸[10]嗎？」艾席爾突然嚷叫著。「亨佛萊很嫉妒青蛙歐格。」他說的是他們很喜歡的倉鼠亨佛萊系列童書，亨佛萊是班級寵物，但當老師帶來一隻青蛙作為新寵物時，所有孩子都為之瘋狂，亨佛萊因此感到嫉妒。

「沒錯，那就是嫉妒。它被稱為怪獸，是因為它在內心感覺起來巨大無比，好像可以把你

10　譯注：綠眼怪獸（Green-eyed mosnter）是嫉妒（jealousy）的譬喻說法，出自莎士比亞的悲劇《奧賽羅》。主角奧賽羅的部下伊阿苟提醒他嫉妒心恐將招致危害，將嫉妒比喻成「綠眼睛的怪獸」。

吞下去一樣。當人們感到嫉妒或羨慕時，大多數人都試著否認，因為他們認為自己不該有那種感覺；可是每個人或多或少都會嫉妒或羨慕，這是身為人類的一部分。

「但那些真的是很難受的感覺。一部分的你不相信自己（也就是自我，不過我還沒和孩子們說到這個詞）能夠處理這麼重大的情感，所以要求你控制其他人，這樣你就不需要有這種感覺了。但這沒有用！你無法控制人或情況，光是試圖這麼做就會耗費很多力氣。結果，讓你自己感受羨慕還容易多了。它只是一種感覺、一種能量，而且令人非常不舒服，但它會穿越你的。當你盡力想控制的時候，內心會變得緊繃，這種感覺因此無法發散。它變得受困於你體內，越長越大。如果你能讓自己感覺到羨慕的話，它就能穿越你；最後，你就會接受。」

埃弗瑞斯似乎聽懂了，他的抱怨和控制欲平息了下來。我看到他明顯地呼出一口氣，緊繃的控制欲放鬆了，轉變為接受。

我教我的孩子們一個簡單的公式，這也是我每天都和患者分享的：

感覺自己的感覺＝接受現實＝隨著生命之河流動

VS

逃避感覺＝控制現實＝對抗生命之河，覺得自己深陷其中一旦辨認出隱藏在控制欲中的感覺，我們所有人就得以突破那份緊繃感。我不再試圖說服埃弗瑞斯轉移注意力，埃弗瑞斯也停止嘗試控制我和艾席爾。

身為人類，我們似乎天生就想控制外在情況，試圖藉此迴避痛苦和不舒服的感覺。然而，療癒的一個重要關鍵「學會放手，並隨著生命之河漂流」，就是我們得允許自己去感覺自己的感覺。患者在治療時告訴我：「我終於知道妳在說什麼了。我今天注意到自己的腦子天旋地轉、心煩意亂，越來越焦慮；後來我做了幾個深呼吸，轉向內在，接著問自己：『我現在的感覺是什麼？』通常都是悲傷、羨慕或對未知的恐懼之類的。但當我放任自己去感覺的時候，焦慮就會逐漸消退。」這一刻讓我充滿了成就感。

感覺是能夠克制的，焦慮卻不是。你越是能夠戒除任焦慮的藤蔓恣意向上蔓延、綁架心智的習慣，並且取而代之地回到你的心，也就是你的感覺存在的地方，就能減少焦慮，也更能覺得平靜。

我們這一輩子，都習慣了逃避痛苦

雖然說出「只要去感覺你的感覺就好」這種話就好像彈手指一樣容易；但若你已經花了一

輩子的時間逃避痛苦，要創造新的神經迴路來改造這個習慣，會需要時間、練習與耐心。為此，了解「感覺痛苦」這件事很嚇人的原因，會對我們有所幫助。一旦你辨認得出那些堅守在你內心入口的想法，就能召喚並挑戰它們，並且溫和地打造一條以這個新訊息為方向的進路——去感覺痛苦不只是安全的，更是你療癒的基本要素。

毫無疑問地，大多數人為了避免去感覺人生基本的感覺，什麼事都願意做。有些是生物性的，就像所有物種天生就會從痛苦退縮，無論是身體或情緒的痛苦。有些是文化方面的，因為西方文化特別傾向快樂的表象，因而代表著對痛苦和混亂特別排斥（第二章已經討論過）。這大多是因為許多人仍然背負著陳腔濫調的規則、「應該」如何如何，以及關於他們情緒生活的早期記憶；還有他們甚至在學會說話之前，就已經吸收進去的想法和模式。

如果你在嬰兒時期，曾經有哭了很久，卻沒人把你抱起來的時候，心裡的某些地方就會封閉。在兒時，當這些不受歡迎的情緒爆發，你卻因此在身心上都挨了耳光的話，你只能被迫沉默。當感覺無法克制的時候，很多孩子都會一個人哭；如果你也這樣，那麼一條名為羞愧的厚毛毯，就是你唯一的安慰。有時候這些哭喊驚天動地，讓你覺得自己好像就要死去。隨著這些經驗而來的，就是你可能會對哭泣形成下列的想法。

- 我不應該難過。

- 感覺是不重要的。
- 哭泣很丟臉。
- 如果我太情緒化，就表示我做錯事，或是有什麼問題。
- 去感覺是一件浪費時間的事。
- 如果我放任自己徹底痛哭，就會有壞事發生。
- 在我哭的時候，我覺得自己失去控制，而且過於脆弱。
- 感覺是一種縱容。
- 娘娘腔才會哭。
- 我太過分、太情緒化、太敏感了。
- 哭只會讓事情更糟，那到底為什麼要哭？

了解你對痛苦所抱持的想法，是非常重要的。這麼一來，你就能評估它們是真實還是虛幻，然後再運用為你掌舵的內在家長，來決定下次你意識到痛苦浮現時，要如何繼續向前走？

當我和兒子們在路邊看到死去的動物時，我會教他們施受法。我常和課程成員分享這個故事。再提醒一次：施受法是吸進我們不想要的感覺（在這個例子中，就是悲傷、無助與心碎），再呼出想要的感覺：願所有生物都能平靜。這個練習教我們靠近自己的痛苦，而不是向我們的慣性投降，把痛苦推開。雖然我和先生從未羞於承認因面對人生在世的一切（特別是眼見各種形式的死亡）所產生的情緒反應，但我們的小孩仍會被「逃避痛苦」的本能反應影響。既然如此，鼓勵他們練習施受法，就是教導他們每一種感覺都值得被關注。所以我會說：「在我們經過那隻死掉的草原土播鼠時，我知道你有多難過，讓我們把手放在胸口，吸入痛苦，再為那隻土撥鼠和牠的家族吐出慰藉與愛。」

在我提到這件事時，患者經常會說：「如果我為被車撞死的動物表現出難過的樣子，我會覺得很丟臉。雖然這種羞恥感不是眾目昭彰的，但其中隱藏的訊息，就是我要去克服，還有我一定是哪裡有問題，才會有這麼深刻的感受。我知道我還是一直告訴自己相同的訊息：我的痛苦太多、太沉了，這讓我覺得慚愧，所以我不願花時間去聆聽、去感覺。」

我接著談到引導我們的孩子，讓他們走過自己的悲傷，但我的患者卻時常回答：「我就沒有人引導我走過悲傷。」事實上，大家都沒有；因為我們身處於情緒文盲的文化中。我們把焦點放在事實、左腦的資訊、成就與結果上，卻完全忽略了去感受自己感覺的價值。成為孩子的嚮導並不難，但這會需要對他們自身的痛苦不感到恐懼的家長，再加上這些家長的家長，也不害怕自己的痛苦，依此類推。然而，若追溯到幾世代前那些出於善意的人，他們被教導的，是否認他們最柔軟與脆弱的自己。我們這個世代正在經歷情緒意識的發展，讓我們因而得以教養出情緒智商更高的孩子。轉變必須從你和你的意願開始，也就是願意讓你自己軟化，去接觸那些悲傷的點，然後用愛去面對你的痛苦。

早期與久遠的痛苦

你的心中有個空間是悲傷的居所。每個悲傷的故事都像一個停滯、被冰凍住的光之粒子，等著你發現、懷抱，為它裹條毛毯，也送上熱茶。當你帶著愛去探視這些悲傷之地時，這些光的粒子就會開始閃爍、移動，甚至舞動起來；因為所有事物，甚至是我們的痛苦，都想被看見以及被愛——尤其是我們的痛苦。

這樣的痛苦已經跟隨你好長一段時間了。也許在你還沒學會說話或有清楚的記憶之前，就已經有痛苦：新生兒與子宮分離的痛苦、嬰兒還渴望哺乳，卻太早就斷奶的痛苦；三歲小孩在毫無準備之前，就被丟下的痛苦；當你需要懷抱時卻得不到的痛苦，或是接受太多溺愛或錯誤方式的懷抱的痛苦；欺負、嘲笑和霸凌的痛苦；初戀的痛苦，以及心碎的痛苦。

在那悲傷的處所，可能有些悲傷是屬於你、卻又不屬於你的：兩代之間的痛苦，荒廢的痛苦——這些痛苦來自那些比你早來到這個世界，卻沒有為他們的悲傷帶上溫暖的毯子與熱茶的人。榮格寫道，我們過著的，是我們的父母或祖父母輩沒有完成的生活；他們的痛苦、恐懼和焦慮沒有受到關注，因此代代相傳，並在最敏感的孩子心裡紮根。那個孩子可能就是你。你可以承接這個重擔，也可以把它當成一份禮物，讓你得以用意識照亮痛苦，並且親眼見到由於關愛的注意，所造成的奇蹟和機會。如果痛苦那正在舞動的每一個粒子，都能轉變為詩歌、藝術、眼淚或對其他人慈悲，那麼每個粒子都是一份禮物。

我們多害怕痛苦啊……但真的沒什麼好怕的。當我的兒子們大哭到喘不過氣，看得出來他們試著在逃避痛苦時，我會緊緊抱住他們，在他們耳邊輕聲說：「感覺傷心沒有什麼不好，它只是一種會穿透你的能量而已。我抱住你了，我在這裡。」當我和患者在重建內在路徑，面對痛苦，從逃避轉變成接近時，我通常會要求患者把一隻手放在心上，大聲地說：「我想要感受我的感覺，我準備好要感受我的感覺了。感受自己的感覺是安全的。」如此傳送出的訊息，是你已經準備好去顛覆跟了你一輩子的逃避痛苦的習慣。接著，你可以用對孩子說話的語氣，告訴你自己：「我在這裡，我抱住你了，你沒事。」

當你真的停下，花時間接受另外一種步調時，將得以進入悲傷之處。這些粒子將會解凍，閃爍著光芒。我們無語的眼淚流成一條小河，隔天早上醒來在心靈中感覺到一束暴風雨後的陽光；我們的腳步輕快。在這些時刻，我們就會了解，悲傷的處所也同時是喜悅的所在。我們會知道悲傷和喜悅存在於心中同一個地方，會知道悲傷沒什麼好怕的；它反而是一條路徑，通往我們所有人都尋求的平靜。

20 關於痛苦的記憶和想法

若要感受內心艱難的感覺，最首要也最根本的一步，就是為這些感覺騰出時間。悲傷就像是被人類支配入侵的動物：脆弱、害羞，害怕我們快速又擾攘的生活步調與聲響。為了要接觸它，我們需要懷著傾聽與觀察的真實渴望，來溫柔地慢慢靠近。

在你想要慢下來的那一刻，可能會出現一連串陳腔濫調的理由，告訴你為何這不可能。這就是抗拒在運作。如果你要朝療癒前進的話，就得能夠辨認它、擊倒它。留意看看下列幾點聽起來是不是很熟悉。

- 我沒有時間。
- 我應該以其他人為優先。
- 感覺沒那麼重要（我沒那麼重要）。

- 為了我自己和內在功課花時間，是很自私的。
- 我應該可以搞定每一件事；我不應該需要休息，或是什麼「活在當下」的時間。

請記得，如果你拒絕騰出時間，讓最深層的自己浮現，它就會用其他方式昭告天下——也就是當你發現自己陷入侵入性思維、焦慮或燃燒殆盡的時候。你繼續往前努力，達成成就，卻也是蠟燭兩頭燒，最後你將筋疲力盡。這樣下去不是辦法，也對任何人都沒好處。

倘若你已經準備好要慢下來，就在你有一段充足的時間時，找個安靜的地方，思考你摒除痛苦的最初記憶。可能是有人只因為你在哭，就用「自己想辦法」這種話羞辱你；也可能是你一個人被丟著，獨自哭泣。也許是你的父母離異，卻沒有人花心思照顧你的悲傷。請讓你慈愛的內在家長陪伴著你，進行一趟時光旅行，回到那些經驗。在你的日誌裡，寫下那件事的細節，並且辨認你所接收到的，任何關於痛苦的訊息。

現在，看著你的內在家長懷抱年輕的你，聽聽看他怎麼說？在那個極度痛苦的時刻，你會想要大人說什麼、做什麼？無論你想要的是什麼，都去看你慈愛的內在家長現在正在做什麼、説什麼？這就是我們重新去撫育既恐懼又悲傷的自己，並從根源療癒的方法。

未曾流露出的悲傷如何轉變為焦慮

好幾年來，我每個春天都會做夢，夢到我和祖父母在一起，或是因為失去他們而傷心。然後我會醒來，那些沒有流露、表達出來的悲傷重量，讓我的身軀沉重不已。如果早晨時間不夠充裕，我就不能深入夢裡，取而代之的是快速展開一天的工作：緊緊抱住我的小寶貝們，把貓咪的碗洗乾淨再倒進新鮮的飼料，邊注意到灑在院子裡的雪花或陽光，邊準備早餐。一天的嘈雜和動作開始了，我的夢境卻遺落在另外那個國度的蒼穹中。

但那夢境根本沒有消失。它存在於表面之下，漂浮在心靈的水流中；那裡，是一個屬於悲傷、心痛、失去及渴望的緩慢且靜謐的世界。我決定不要多花時間在夢境上，但它卻沒有因此而消失。相反地，它在我與我愛的人之間，製造了一層薄膜。它蓋住了我心中的花瓣，就像一個需要關照的孩子那樣坐著等待。如果我沒注意到，它就會讓自己以其他的方式變得明顯，例如轉變為焦慮。

幾年前，在這樣的一個早晨，那時候艾席爾五歲，很常用力拉自己的耳朵，而我發現自己過度專注在這件事上。我們知道他之前就有耳垢堆積的問題，但我充滿悲傷的內心轉變為焦慮，在那天早上捏造了一個故事——我覺得他有淋巴結腫大的症狀，這是兒童白血病的前兆。

我的心智還在，還能夠抵抗可怕的上網搜尋，但我在去上瑜伽課的時候，心裡一直有個焦慮的念頭，認為情況可能很嚴重。我出門前悄悄把我的憂慮告訴先生，但他看著我的樣子就像我瘋了。我們才剛帶艾席爾去健康檢查，也知道一切都沒問題。可是我焦慮的想法並不同意。

一到瑜伽教室，我站上我的墊子，然後呼吸。我仔細檢視自己的身體，察覺到焦慮，察覺到我封閉的心，察覺到我現在缺乏的清明和喜悅——在我內心的通道沒有被尚未脫除的悲傷堵塞的時候，它們通常深植於我心靈中。「是我的工作哪裡有問題嗎？還是我的婚姻？或我的小孩？我面對的挑戰，是因為艾席爾常態的情緒爆發嗎？一定是這樣。不對，這說不通；它來自我的心智。」我繼續呼吸，繼續動作，也繼續流汗。

接著，我見到了她：在祖父打造的聖塔莫尼卡的家，我的祖母站在沙塵逐漸揚起的後院裡，正在修剪她珍貴的玫瑰。後院大部分是祖父的地盤，一年到頭都有很多蔬果蓬勃生長，但玫瑰花是祖母的。我二十一歲，剛從大學畢業。她正在告訴我玫瑰花的事，示範該從哪裡修剪。「就在第三根刺下面，」她說。她剪下一朵黃色、兩朵粉紅色玫瑰，把其中一朵給我。我們很幸福。

十年後，我站在相同的玫瑰花叢前，但她已經不在我身邊。我參加的是她的追悼會，朋友和親人擠滿了庭院。我感覺有一部分的自己被掏空，再也不會回來了——就是我心裡那一片留存著我們的愛的花瓣。

我的髖關節、脊椎的間隙，還有我的呼吸，都存在著痛苦。這些記憶在我身體裡浮現，彷彿幽靈般等待被看見。當我放得夠慢，得以將它們從身體裡解放出來時，它們就會現身。祖母在二〇〇三年的三月開過刀，我們以為這個手術能讓她再多活幾年。她醒來的時候，我對她說的第一句話是：「妳快可以見到妳的長孫了！」沒有其他事能讓她更開心。她在逾越節[11]的前一夜又進了醫院，我們的逾越節晚餐就少了她。這次的晚餐很靜默；在家庭聚會時向來健談又愉快的祖父，癱坐在他的椅子上，什麼都沒說。三週後，在四月二十二日，我和先生被電話吵醒，打來通知她的死訊。我把臉埋在枕頭裡尖叫，因為前所未有的椎心之痛而哀泣。

身體會記得，這就是為什麼這些記憶會在每年春季的夢境開始。我總得過幾天，才能了解發生什麼事；倘若我不主動去意識悲傷，允許自己為另一層失去徹底哭泣的話，悲傷就會轉變為焦慮或惱怒。然而，一旦閘門打開，我讓自己的淚水洗淨心靈，並為自己和對祖母的深愛建

11 譯注：逾越節（Passover 或 Pesah）又稱除酵節、無酵節或巴斯卦節，日期自猶太曆尼散月十五日起，為期一週。原希伯來語意為「越過、跳過」，是為了紀念神在擊殺埃及境內的長子時，放過以色列人，並帶領他們從埃及的奴役生活中解放。二〇二〇年的逾越節自四月八日夜間開始，至四月十六日結束。

立連結時，焦慮和惱怒就會消散。

那天瑜伽課結束之後，我回到家，以開朗的心擁抱孩子們。而且我現在非常清醒，我知道艾席爾沒事。

轉而面對你的恐懼

我們逃避的事物，不是只有悲傷難過而已。我們會從任何不舒服的感覺逃開，包括恐懼，它也有可能轉變為焦慮。事實上，我們可能花了一輩子來逃避恐懼。我們逃避的，是夢裡追著我們的熊；是在我們在花了一整天寂靜地獨處，遠離令人分心的人群與塵囂之後，似乎如影隨形的隱約不適感；是我們最害怕的事情，不管是搭飛機、公開演說，還是親密關係。

逃避恐懼很正常。從野生動物面前逃之夭夭，和迴避深埋在意識的灌木叢內的地方，都純粹是天性。我們可以說，所有動物面對恐懼最原始的本能，就是躲藏或逃跑。但有趣的是，通往情緒自由的其中一條路，就是面對我們最害怕的那片內在風景。

幾年前，在我參加一個由夢行者傑瑞米．泰勒（Jeremy Taylor）主持的夢境工作坊時，我們所討論的最令人著迷的主題之一，是潛意識如何透過夢境的禮物，來邀請我們轉身面對恐懼。討論小組的成員大多對夢境工作很熟悉，在一名女性分享一個典型的被熊追的夢之後，他們鼓勵她開始積極想像（active imagination）跟熊對話，問牠想要的是什麼。面對我們夢裡的「可怕」形象，我們必須問幾個很重要的問題，像是「你有什麼事想和我分享？」或是「我能幫你什麼？」雖然這個理論對自我來說很矛盾，但當我們停止從這些形象逃跑，反而轉身面對它們時，會了解它們其實是來幫我們的。

傑瑞米．泰勒在他的書《夢境的智慧》（*The Wisdom of Your Dreams*）中分享一個耐人尋味的夢，一針見血地闡述了這個見解。在一個反覆發生的夢裡，一個人被火龍追著跑；而在他心智清晰的一瞬間，他轉身想知道，為什麼龍要脅迫他？那隻龍彷彿有讀心術般地回答：「我是你的煙癮！」泰勒分享了做夢者的描述：

> 在那恍然大悟的一刻，那條龍似乎突然開始轉變。看起來雖然沒有任何不同，但牠的「表達方式」卻好像在改變。牠看起來很迷人，甚至魅力十足。現在，「噴出煙霧的魔龍」，感覺還比較像一隻熟悉又友善的巨型寵物犬，而不是致命的險惡噴火龍。我的清醒甚至還允許我更仔細觀察這隻「轉變後」的巨獸，我能清楚看到牠全身覆蓋著令人作嘔的咖啡色黏液；從牠身上的每個孔洞，甚至眼睛附近，還有埋在鱗片之間的空

隙，都不斷噴濺著毒煙。我聞到牠身上傳來令人反胃的嚴重腐臭，對牠的強烈反感再次出現；我在夢裡看著牠，心意已決地說：「走開！我這輩子再也不想看到你！」艾勒克斯醒來後，訝異地發現他再也不渴望抽煙的感覺了。也許更重要的是，他對抽煙總能帶給他的立即且可靠的「陪伴」的那種迫切需求，已經煙消雲散。在這場夢境之後，他再也不抽煙了。

這個故事引導出一個疑問：我們的恐懼——例如焦慮，是否其實是經過偽裝的救星？若你曾經轉而面對你的恐懼，你就會知道，通常我們必須直接朝恐懼風暴的中心奔去，才能得到最多成長；而且，當我們走過恐懼時，時常會感覺到一股坦蕩蕩的神性。既然我們不再為了進行靈境追尋[12]而獨自被送入森林中，那麼我想恐懼，尤其是恐慌，就是現代靈性武士的訓練場。這表示每個恐懼的時刻（特別是我們最深層的恐懼）都是它給我們的機會，讓我們提高去愛的能力。這代表的是，在我們每次通過恐懼或恐慌的門扉時，就會在門的另一端找到真正的自己。

身為人類必然會有的感覺：無聊與孤寂

無聊

我的孩子們在一個禮拜裡，會跟我說好幾次：「好無聊喔。」

我的回答始終如一：「很好啊。」

「那有什麼好的？」他們問。

「因為無聊是生命的一部分，就和寂寞、悲傷、快樂、興奮、挫折感和失望一樣。如果你讓自己去感受無聊，就會有新的事物產生。」

因為科技的急遽發展，讓每個空虛或無聊的時刻都被刺激填滿，我們對無聊的容忍力已經搖搖欲墜。我想要教給孩子們這樣的能力，例如寫信或讀紙本書（而不是電子書），讓他們的成長不需依賴科技、成年後也不需倚靠其他隨手可得的刺激性物質（食物、酒精、藥物、購物或者是性）來填滿無聊。

---

12 譯注：靈境追尋（vision quest）是北美原住民部落的傳統成年儀式，透過個人與自然的獨處，悟出生命的意義，是個人尋求與守護神靈互動、並從中獲得建議或保護的超自然經驗。

當我不急著去解決他們的無聊，反而讓他們和無聊共處一陣子時，他們一定能自己找到一些新的事情做。我特別記得有一次，小兒子躺在他的床上，盯著幾個月前自己用生日紅包買的精靈小屋，說了一些它有多無趣之類的話。這個可愛的小屋是陶瓷製的，顏色漂亮，設計也很有趣，卻沒有什麼炫目的「功能」；但那不是重點。重點在於專注在一件藝術品上，又或許可以進一步在想象中嬉戲。我對他的意見沒有太多回應，但我邊專心做自己的事，邊偶爾偷看他，對精靈小屋從覺得無聊到轉變成好奇。他輕拍小屋，轉來轉去，拿在手上輕輕觸摸。我完全不知道他八歲的小腦袋瓜在想什麼，但那不重要；重要的是，他自己跨過了從無聊到投入的那道橋。「知道自己可以忍受無聊」是一塊拼圖片，正落到他心靈的拼圖中。不到二十分鐘，他的注意力就轉移了，也告訴了我他在把玩精靈小屋的時候，腦子裡在想什麼：「媽咪，精靈小屋中間是空的，所以他們應該把門做成可以打開的樣子，這樣就會更好玩。為什麼窗戶有顏色呢？我喜歡躺著的時候把它抱在胸前，因為我會假裝我是小小人，然後這是我的精靈小屋。叮咚！有人在家嗎？哈囉！」

這是一個自由心智的意識流，自由到足以在想像世界的原野中流浪；是從科技解放的心智，以及有足夠的空間去做夢的心靈；這是一顆沒有因大眾媒體猛烈放送的羞辱及惡意，而過度扭曲的心。他的回應，顯示了在這些防禦、侵入型思維、擔憂和反芻思考之下的我們所有人，究竟是什麼——是我們自己等著被釋放的內在小孩。

如同我們在前一章談到的，因為沒有人教我們如何和不舒服的狀態共處，我們便學會從想法下手。我有一位患者，她的例子說明了原始的倦怠感，如何轉變為侵入性思維：「我一天至少會有十幾次這種念頭：我想要不一樣的人生。我說的不一樣，指的是沒和我先生在一起，而是哪個夢想中的人會出現，讓我覺得自己真正活著，而且活得值得。」

「妳如何回應那個想法？」

「我通常會試著把它浸泡在真實之水裡，然後說：『沒錯，這是妳以前那個單身的自己需要感受的悲傷。就算有嫉妒的感覺，或是想要一個不同的生活，都沒有關係。』」

「這個回應的效果如何？」

「完全沒用。」

這時候我提醒患者，她已經為自己的單身生活悼念過很多次了。如果這是我們第一次晤談，我會說：「是的，請做好感受悲傷的功課。寫信給妳單身的自己，然後用某種儀式化的方法把信處理掉，像是燒掉、撕掉，或讓它在水裡溶解。」可是，這條路她已經走過一百次了。應該是更深入的時候了，這代表她不需要在此想法的同一個層次，來處理想法。在我們用能夠讓它冷靜下來的認知真實，來把這個想法潑濕之後，就不能再讓由它主導的主因，和更多想法碰在一起。我們必須更深入。我引導患者依循從侵入性思維解脫的步驟（請見第九章的練習，拆解侵入性思維的四個步驟）：

「第一步是辨認出它是侵入性的想法。一旦妳能夠辨認，就能夠在妳自身與想法之間創造一個距離。妳必須說出：『這是我幻想的緊急逃生出口。雖然此刻它感覺起來就像我的現實，但它仍不是我的現實。我會對這個逃離的幻想上癮，是因為我不想面對身為人類的混亂。』接著再不斷提醒自己，身為人類的混亂，我們是無法逃避的。」

「我想逃避的是什麼？」

「妳的感覺。但它不是依附在妳的侵入性思維上，也不是投射在妳丈夫身上的那些感覺；而是在妳心中，身為人類必然會有的感覺：寂寞、無聊和空虛。」（這次治療時，我們稍早才討論到最近她覺得人生有多無聊、多空虛。）

「所以這一切的心理折磨，都是因為我不讓自己去感受片刻的無聊？」她問著，聲音中顯然帶著懷疑。

「雖然很令人訝異，但的確如此。讓自己去感覺無聊或空虛的那一刻卻不想逃跑，比我們想像的還困難。當我們真的放任自己去感受時，就是決勝負的一刻。它當然不會一直持續；但若我們越常練習把呼吸專注在痛苦的時刻，我們越能變得從容。但我們確實需要訓練自己去行動，因為人類的習慣和文化的制約，是從這些時刻逃走。而在現代，我們能逃跑的方式不計其數。所以，真正的問題是：我願意去經歷身為人類的混亂嗎？」

這個練習，是要一次又一次的明辨這些焦慮的想法，接著放慢速度、重新倒轉，直到你觸及自己最初試著逃避的那個情緒。就像我的患者說的，我們很難相信那一瞬間的無聊，會引發侵入性思維的倉鼠滾輪。但當你想起我們被制約去逃避情緒痛苦的程度有多嚴重時，就看得出其中的道理了。焦慮的傷口帶領我們進入內心的國度，在那裡，我們有機會提升自己情緒感知，不只是為了我們自己，也為了整個文明。你得以友善地面對艱難感覺的每一刻，都是平靜的一刻。

孤寂

還有一種人類根本的情緒，是我們試圖用各種成癮行為來排除的（包括心理成癮，例如侵入性思維），那就是寂寞。因為我們不知道自己可以容忍寂寞，因此在神經迴路系統中發展出一個習慣，在它抵達的那一刻，就先把不舒服的感覺阻擋下來。事實上，我們不甘寂寞的程度，已經到了多數人連自己正在感受的感覺是寂寞都不知道，或不知道寂寞的感覺是正常的。我的網誌上，曾經有個讀者留言在一篇關於寂寞的文章下：「這篇文章讓我恍然大悟。我一直以為寂寞、無聊和空虛是病態的；也許是因為我感覺到的比大多數人多更多。當人們說：『好吧，我其實不覺得有那麼寂寞』的時候，我的心總會一沉，想著：所以是只有我這樣嗎？」

你不是唯一一個這樣的人。事實上，我們生活在這樣的文化中，不感到寂寞是不可能的；但因為我們的文化執著於表現出快樂的臉孔，它因而又成為另外一個沒有人討論的議題。讓我們來深入探討。

那種根本的寂寞感覺，是人類組成的一部分。它從深夜的一角，在窗簾的皺摺和椅背形成陰影的時候襲來。當黃昏吐盡最後一口氣，而傍晚卻還沒開始呼吸時，它就在暮光交界的那一刻滲出。它存在雀躍的邊緣，介於這兩種空間之間——天神用祂們寶貴的氣息吹拂牧場的黃金時刻；以及夜晚的多彩墨水開始沉入夢中前，那道碎裂的細痕。

有時，寂寞會突然急切地出現，像是假期、生日，以及每天或每週都會發生的轉化低潮。通常就是在這時候，羞愧的情節悲傷地轉變為寂寞，告訴你「其他人現在都很愉快。其他人都有家庭，也正要出發去遊歷人生，但我卻一個人。」或「我不是一個人——我和家人或伴侶在一起，但還是覺得寂寞。」寂寞是悲傷的孿生姐妹，她們常會手牽著手，走到你的門前。當你把深深呼吸集中到寂寞上時，一直抑制著你的悲傷的水壩將會潰堤，讓其中的洪水沖進記憶之河；那可能是第一次心碎、父母在很久以前離異，或是已經結束的友誼。

但是寂寞通常會率先抵達，捧著已經枯萎的花束站在門口，它只要求一件事：就是被邀請進來。寂寞抵達的感覺像是我們軀幹裡，在橫隔膜和胃相連接的地方的空虛。寂寞是一個沒有呼吸的空間，是你獨自在床上哭泣，卻沒有人來安慰你的時刻。

你曾和另一個人類非常親近，幾乎合而為一，那就是你在母親肚子裡長大時，她吃什麼你就吃什麼，她聞到什麼你就跟著聞到什麼，她移動的時候，你也會移動。但即使是那個時候，仍然有羊水袋包圍著你，在寶寶與母親之間畫出了明確的界線；那一片膜仍然存在。我們雖然再也看不見，卻仍被這個代表區隔的滑潤白色袋子包裹著。我們生來就應該感覺寂寞，這是身為人類的一部分定義。

清楚這一點非常重要，這樣我們才不會掉進認為「事情不應該是這樣」的陷阱裡。無論明示還是暗示，文化傳送給我們的訊息，都是「事情不應該是這樣」；如果你減重、住在這間房子裡，或是和這個伴侶生這個孩子，你就會對寂寞免疫——但並非如此。

這世上沒有哪個伴侶能保護你不受寂寞侵襲，那不是愛情的功能。

這世上沒有哪個朋友能保護你不受寂寞侵襲，那不是友誼存在的理由。

這世上沒有哪個孩子能保護你不受寂寞侵襲，那不是身為父母的目的。

寂寞唯一的解藥，就是把它當朋友。當我們和寂寞成為朋友時，擺脫「我們不應該感覺寂寞」這個想法，並且擊碎「其他有家庭有朋友的人就會對寂寞免疫」的幻想——就是在邀請它從正門進入。我們和面對任何其他感覺一樣地面對寂寞，也對它的故事變得好奇。我們可以問：「寂寞啊，來聊聊你的事吧。你是什麼顏色？是什麼形狀？我過去的哪一段故事藏在織線裡，編織成你歷盡風霜的毯子？」

一旦你邀請寂寞進門，它的旨趣就改變了。這就是寂寞的矛盾：當我們和它成為朋友時，它就能夠變形。它仍然在那裡，在你體內的空袋子裡，但它的尖刺消失了。一旦你邀請寂寞跨過門檻，它就會軟化，就像一個生氣的孩子，被母親的溫暖懷抱包圍一樣。好奇心是讓它轉變的藥水，創造力則是將它送進光明通道的藥劑。

寂寞的另外一面是孤獨。當你毫無抵抗地深入寂寞時，孤獨會牽起你的手，引導你走進由雜草覆蓋的小徑與昏暗的鵝卵石道路，所構成的心靈迷宮——那裡再也沒有寂寞。你再也不會渴望有人和你一起坐在凳子上，因為你身在一個創意和想像會以它們的方式讓你欣喜若狂的永恆之地。你只要交出自己，就會發現你能在那裡待很長一段時間。你將帶著滿溢的泉水領悟，也能藉由截然不同的透鏡來看你的伴侶、小孩和朋友。他們的存在不再是為了把你填滿，而是為了接受你為他們傾瀉而出的光芒。完整的自己會通到圓滿的愛。我們穿越讓我們害怕的通道，接著發現自己捧著一束耀眼的花朵，在通道的另一頭等待。

Chapter 11 欲望

讓我們的雙唇緊閉的事物，我們的內心對其皆有千言萬語。

——魯米（RUMI）《萬物生而有翼：十三世紀哲學家詩人魯米的渴望與狂喜之詩》（*The Book of Love: Poems of Ecstasy and Longing*）

和焦慮一樣，欲望是個使者，但因為它太常被誤會、並以表面價值被理解，因而值得我們另闢新章節討論。我們典型地覺得欲望就像是我們需索更多時，會有的隱隱作痛（更多金錢、小孩、刺激、關係），但若只看最表層的意義來解讀「更多」，我們將錯失欲望的智慧。欲望是一個訊號，指向未被滿足的需求、尚未傾吐的悲傷，以及沒有實現的夢想；它本身就在邀請我們強化與自己四個領域的羈絆。欲望和焦慮相同，能幫助我們邁向圓滿。當我們把欲望放上我們的雷達系統，不再只是估量其表面價值，我們就能開始解開它的訊息。為此，我們必須學會辨別基本欲望與次要欲望。

基本欲望與次要欲望

欲望和焦慮一樣，人們很少提起，但卻對其有很深的誤解；然而，當它被討論時，卻幾乎都只是關於性愛或單戀的情境。因為我們的文化對浪漫愛情有莫名的執念（請見第十五章），只要我們的心出現渴望的感覺，就會認為這一定跟愛情有關。然而，患者和我分享的，卻是五花八門、有趣得多的內容。他們說：

- 我渴望生個寶寶。
- 我渴望有個伴。
- 我渴望我的母親。
- 我渴望我的父親。
- 我渴望自己未曾擁有的雙親。
- 我渴望我的童年。
- 我渴望一棟房子。
- 我渴望加入一個社群。
- 我渴望有個摯友。

- 我渴望上帝（或是心靈、與更高層的事物連結，看你和哪個詞有共鳴）。
- 我渴望不同的風土氛圍。
- 我渴望去一個不同的城市。
- 我渴望單身。
- 我渴望感覺活著。
- 我渴望戀愛。
- 我渴望去感覺渴望。

是什麼譜成渴望的頌歌？是哪些音符從內在深處湧出，構成這首奏鳴曲，彷彿曠世巨作般擾動我們的心靈，要求我們的注意，直到我們專心傾聽？

除非我們解開它的密碼、學會它的語言，否則如何面對欲望還是個謎，而我們很常混淆基本欲望與次要欲望。基本欲望要我們注意的是內在完整而真實的需求，一旦滿足，它就能為我們的人生指引新的方向或體認。次要欲望內含的是基本欲望的低語，我們必須解讀，才不會因錯誤的路標而誤入歧途。

舉例來說，對心靈的渴望就是一種基本欲望，當我們感覺到它的時候，就沒有什麼需要解讀或破解的；我們只要仔細聽，學著在生活中，如何和心靈建立更深的連結。我的患者們描述，當他們坐在教堂裡，聽見音樂並融入群體中的時候，會產生一個健康的基本欲望：「這滋養了我的心靈，我需要更多。快仔細聽！」

然而，對父親的渴望，主要都是次要欲望。倘若你的成長期間缺乏一個健全、慈愛的父親形象，成年後很常會浮現這種渴望。如果沒有經過仔細檢視的話，這種欲望可能會讓女性尋求和年長男性發生關係，以作為試圖滿足這種匱乏的其中一個方式。但這永遠行不通，只會引發更多的欲求。要拆解這個次要欲望，就等於去觸及位於核心的渴望。位於中心的，可能包括對心靈的欲望，以及對清晰、陽剛的內在父親的渴望——也就是你能夠在現實生活中，下決定、劃定界線並執行計畫的那一部分的自己。

對母親的渴望也是如此。許多由只關注自己的母親撫養長大的人，都因為母愛創傷（mother wound）而受折磨，以致於他們去追求虛假的母親形象，或是將自己關於這段最初關係的那些未處理的感覺，投射在伴侶身上。若我們將渴望分開，檢查核心的傷痕，我們會發現存在中心的悲傷；那份悲傷，來自於你未曾有過一個知道如何把你的需求擺在第一的母親。它需要照顧，同時也邀請你透過自然和積極想像，和萬物之母之間創造一個永續的日常聯繫；並和你以慈悲及溫柔關照自己的那一部分——你的內在母親建立連結。然而，如果你追隨的只是一開始的渴望，就會失去引領你邁向療癒和成長的深層支柱。

我們也能用相同的方法，來解構本章開頭列出的欲望。有些欲望，例如想要生個小孩，則同時囊括了基本欲望與次要欲望。若一個女性想要小孩，我們就必須從表層來理解，因為對許多女性來說，「成為母親」是最原始的需求之一。但如果受孕沒有迅速發生，她就必須解構這個龐大的欲望，將其分解成幾個截然不同的組成分子。那時，她通常會發現對自身圓滿的渴望，以及身為一個有創造力的完整女人，與自己的生殖能力有所連結的需求；這已經凌駕於懷孕的範圍之上了。倘若我們是愛的勇士，我們就必須找出勇氣，以溫柔和好奇心來面對我們所有的情緒，並了解它們都是來自我們內心，因而也能在我們心裡化解。我們受文化制約的習慣，是當欲望浮現時，就得棄船，更被答案就在「那裡」的信念影響。愛的勇士會留在航道上，並轉向內心去探索欲望的真正起源。

欲望中存在著智慧，存在著來自心靈深處、渴望被知曉的訊息。如果我們只看欲望的表面，往往會發現我們只是白忙一場，不時浮現的焦慮越來越嚴重，最終以絕望作結。但當我們學習將來自心靈的刺激，視為發自內在深處的訊息以及普西芬妮（Persephone，這位穿梭於可見及未知世界的女神）的原型對我們的幫助時，我們會成為自己的智者，我們自己的神諭將能為我們探索自己的道路，不需向其他所謂的專家尋求解答。如同焦慮和侵入性思維，蘊含在欲望的訊息中的，在經過解讀後，是智慧的珍寶，能引導我們走向讓自己作主的道路，我們會知道自己需要知道什麼，也知道往哪裡去找需要關照的一切——那些沒有我們沒有好好哀悼的失去，與沒有經驗過的人生。

我們永遠都經歷不到的人生

人生只有一次，我們一路上都在抉擇；抉擇本身的定義，就是排除其他選項，將它們鎖在門外。我們沒有選擇的那條路，以及我們經歷不到的人生，都需要受到照顧，否則它們就會在心靈的倉庫中累積層層灰塵，在你因為焦慮和其症狀而打個大噴嚏的時候，你才會知道。

在多年前的某天，這件事對我來說特別真實。我正要從兒子的陶藝課離開時，和其中一位媽媽聊起來，她的兩個女兒也上這堂課；我問了一些普通問題，像是：「她們幾歲？妳們住在哪裡？」之類的。女孩們進衣帽間拿外套，接著，她們互相嘻鬧的樣子，有某種細微到幾乎無法察覺的渴望，讓我的心一陣刺痛。我大可以輕易將它拋在腦後，但我沒有。我們一走進冷冽的空氣，把靴子踩在雪上發出沙沙聲時，那個念頭就出現在我腦海裡：「我永遠不可能養育姐姐或妹妹。」

這種渴望已經不是第一次出現了。當我們知道第二胎是男孩時，我既高興又難過。我一直想像自己會有個女兒，所以在大兒子出生後，我還懷抱著第二胎是個女孩的希望。結果不是女生——那天知道胎兒的性別檢查結果之後，我躺在床上，意識到自己不可能養育女兒。我記得我沒有哭，卻一直在心裡重複「我是兒子們的媽媽」這句話，試著去調適。但在那之後，我還是哭了，因為我知道我們必須透過悲傷，才能接受。

陶藝課結束後我得帶小孩，所以我就在自己的心靈中，把這份欲望分門別類安置好，並且相信當放慢腳步的時刻到來時，它就會重新顯露出來，接受它所需要的關懷。

當天晚上稍晚，我感覺到它再度高漲，那一瞬間，我的自我心智被一個倉促、徒勞又陳腔濫調的「如果」問題絆倒——「如果我在這個時候或那個時候，做了不一樣的選擇的話？」——以作為一種手段，去逃避欲望的不適感。我的小小心智試圖控制過去，藉由讓我陷入侵入性思維所編織成的鐵網柵欄的死胡同裡，去逃避脆弱與未知的感覺；但顯然是無濟於事。我在那裡待不到一秒，就把柵欄打開，離開我的思緒，走進感覺的領域，讓自己沉入其中，再將呼吸帶進我的心裡。

接著，悲傷就流進我全身。我立刻就知道這樣的悲傷，並不只是因為無法體會養育女兒或一對姐妹是什麼感覺；它也來自於沒有生第三胎的心痛。我們決定只生兩個小孩。雖然對我們家來說，這已經是個令人滿足的決定，但我的心還是很常被刺痛。痛苦就在那裡，沿著甜蜜又悲傷的河道往上，蜿蜒地從我的心，流到靈魂，再流到眼睛。讓自己全然投入純粹的痛苦，總是甜蜜的。我們與痛苦搏鬥，來自另一個年代或生命階段的根深蒂固的習慣，正在抗拒痛苦；然而堡壘一旦崩落，流出的淚水中一定帶著微笑。甜蜜的赦免、甜蜜地敞開內心，甜蜜的眼淚洗刷了痛苦，將欲望轉變成感恩。

人們很容易被渴望必然需要行動的信念所影響。如果我偶爾想到想生第三胎，就代表我必須生第三胎；或是如果我渴望有個女兒，就代表我一定得有個女兒。成長的過程中，有一部分就是意味著擁有能夠接納感覺，並且不急著馬上解決的能力；以及相信唯一的解決方式，就是有意識地接納且照料這些感覺。我們也會下錯誤的結論，認為每一種經過我們意識領域的感覺，都是無可爭辯且在任何情況下都屹立不搖的真實。我們不知道自己能夠單純去感覺渴望就好；渴望最終並不一定非得成為現實。換句話說，我偶爾可能會想要有個女兒，但我更深一層的真實是兩個小孩（這兩個男孩）就已經讓我們的家庭很美滿。

因此，我們要做的永遠都一樣：為痛苦騰出空間，靠近它、歡迎它、愛它，並且轉向美好與感激。幾年前，當我躺在那時快五歲的兒子身邊時，我的心裡就已經深信，他對我而言是難以置信的珍貴，每天都讓我的心感覺好像要因為愛而炸裂，讓我的靈魂歌唱，用無法想像的喜悅把我填滿。我經常聽到患者說：「但如果我現在允許自己渴望其他人事物，不就代表我不愛現有的伴侶、小孩跟父母，或是不知足嗎？」不，完全不是這個意思。熟習的心智能將這兩件事分得很清楚。

事實上，能夠接納兩者的態度，正是成熟和焦慮解藥的特徵。世界並不是非黑即白。自我的心智相信，若我們能將每次經驗都分門別類，就能感覺比較有掌控權。我們可以把香料歸類、把衣服整理好，但內心的國度經常是無法分類的混亂地帶。我們能盡力而為的，就是為明顯對立的事物騰出空間，將兩者皆視為真實，但也知道其中任一並不會讓另一方無效。我能夠體驗渴望有個女兒的片刻，同時也為我有兩個兒子感激涕零。我能允許自己去渴望養育姐妹的經驗，但同時也樂於享受這樣的未知旅程：看著兩個兒子錯綜交織出一層層的複雜關係（而且我的確期待有個孫女）。我可以悲傷、可以慶祝；可以失去，也可以去愛；可以渴望，也可以感激。我的心有容下一切的空間。

渴望的智慧

我將分享另一個故事，讓你們知道如何將呼吸專注在現有欲望的痛苦中，並且迂迴地靠近它的智慧。

幾年前，每次只要有豪華汽車經過身邊，我就會感到一陣微小的渴望所帶來的刺痛感，這種情況持續了幾星期。第一層的詮釋是我想要一台好一點的車，但我立刻就知道不是這樣。我對車子不是特別有興趣，現在開的車也很實用、安全，我已經十分滿意。

呼吸，再深入看看。

第二層詮釋是我想變得更有錢，豪華轎車代表的就是這個。

不是，問題不在金錢，再深入一點。

第三層詮釋，是我渴望能夠更加安定。這種轎車的車主通常都是七十幾歲的優雅紳士，我能感受到渴望的輕微顫痛，渴望我的家庭有這樣的家長，能夠處理事情、能作為保護和智慧的支柱，像是家庭之樹所擁有的穩健樹幹一樣。

很接近了，越來越深入。把意識的光芒直接灑在那份痛苦上。

然後我才知道。它從我心靈的核心浮現，是比我內心更深層的內心。那是想要一個家的渴望，是在我父母離異後，我失去孩提時代家庭的悲傷。我渴望上一代把我懷抱起來，在餐桌上餵我進食；渴望受到長輩照顧的感覺，在一個更大的跨世代家族中被好好保護。

我的雙眼湧出淚水。我把自己的呼吸，帶到由我的渴望牽引出來的悲傷上。我不用對它做什麼，也沒什麼需要修復的。幾天後我迎來的，是更深層的智慧，是一個改變生命的深刻理解——我們：我和我先生，以及我們的家，現在正是家庭的中心。這是我們能夠付出的，而在付出的過程中，也削弱了渴望的痛楚。但當渴望的智慧刺穿意識的那一刻，我就只是陪在痛苦的傷口左右，受到覺知之光的淨化，而不是被渴望包圍。一旦突破根源的痛苦，表面的欲望就會完全消失。

我不知道心靈為什麼用象徵和符號溝通。如果我們不用像偵探一樣解開密碼，就能了解自己，不是比較容易嗎？的確如此，但去爭論心靈溝通的方式，就像和事實雄辯一樣，是徒勞無功的。奇妙的是，我們本來就不該憑空獲得正確解答，而是被邀請以迴旋的方式深入智慧，只有花充足的時間在自己身上，才能學習我們自己的密碼。我們將學會愛上這種隱密的溝通。如同聶魯達（Pablo Neruda）所寫的，「像愛戀某些陰暗的事物，祕密地，介於陰影與靈魂之間。」

21 對欲望更加好奇

在你下次注意到欲望的刺痛感時，請對埋藏於其中的訊息抱持好奇心。問問你自己它是基本欲望還是次要欲望。但要記得，焦慮的心智很容易就會依賴並支持最表層的詮釋，這將無可避免地強化你的焦慮。你該做的，反而是把你的欲望想像成一隻手；在你牽起它時，你將受引導，進入層層的自己。讓好奇心當你的嚮導，耐心做你的朋友。你在找的不是答案，而是路標，倘若你跟隨這些路標，就能被領向你的智慧。要遵循這些路標，以下是你可以試試看的建議：

1. 當你注意到欲望的感覺時，就將欲望如實說出來。注意它在你身體裡是什麼感覺。你身體的哪個部分感受到渴望？若你能用譬喻或影像來描述它，那會是什麼？
2. 直接將你的呼吸集中在渴望的感覺上。想像你能看見你的呼吸，正在用自己包圍著渴望。
3. 在你繼續深吸深吐、有意識地呼吸時，問問自己：這層表層的欲望底下隱藏的核心欲望是什麼？要觸及核心欲望可能需要一點時間，但當你體驗到身體豁然開朗的感覺及油然而生的悲傷感，你就知道你辦到了。
4. 讓這個感覺流經你的身體，如果你得到什麼靈感，請用創意表達出來：描繪、畫畫、舞蹈，或寫一首詩。

心靈的國度

一切都加快了速度，也過於擁擠。因此那些能讓我們放慢腳步、逼我們有耐心、讓我們回歸緩慢的自然循環之一切事物都有益。

——梅．薩藤（MAY SARTON）《獨居日記》（*Journal of a Solitude*）

梅．薩藤寫下這段文字時，是在一九七三年。跟那時候比起來，我們的世界變得多快、多擁擠啊！隱藏在焦慮中的一個關鍵訊息，是來自心靈的招喚，要求我們慢下來，清除雜音，回到內心。心靈的推移依據的，不是以科技發展來定義的時間，而是隨著自然的韻律；自古以來，自然的步調始終如一。不管是焦慮的展現還是麻木感，都是強烈的指標，指出心靈的乾涸。心靈彷彿在說：「我聽不見自己思考了，沒辦法建立任何連結。我無法呼吸，請停止『動作』，開始『存在』。」

安樂的存在之井

有天早上，在我準備出發去家族聚會時，「安樂」（well-being）這個詞突然躍進我腦海裡。最近這個詞很常見，尤其是若我們常用一些提倡健康生活型態的資源。我思考著：「安樂的存在，就是一口存在的井。擁有存在的安適感，就代表著你能運用自身內的安樂之井。」

要緩解焦慮，除了運用你自身的安樂之井之外，或許沒有更有效的藥了。那口井是一個休養生息之地，在那裡，你能聽見自己心智的噪音平靜下來，也能感覺到你的心靈完全放鬆。那裡是你私人的靜修所，不求回報地對你開放，也就是佛教所稱的皈依；這通常是因為我們傾向從轉瞬即逝的外在事物條件中尋求慰藉，而不是轉往源遠流長的內在國度。這口井的井水，是用無作為（也就是「存在」），這個滋養的行動來填滿的。

現代生活中，要把時間和空間填滿的方法不可勝數；令人分心的事物不一而足，它們用強烈的拉力，把我們從內在世界拉走。你所做的每一件向外在尋求自我意識的事，都會讓安樂之井的井水越來越枯竭。這包括企圖逃避自己、逃避與活生生的人們的真正互動，而花時間使用社群媒體；看太多無腦的電影；藉由完成你永無止盡的待辦事項，來保持忙碌；對迫切的癮頭投降（也包括像是反芻思考、執念或擔憂之類的心理成癮）；捲動滑鼠、按鍵、傳訊息、目不轉睛、狂歡作樂、玩遊戲，還有發動態。

我們全都耗時努力去做朝外在尋求自我的事。平心而論，對於不同類型的安樂而言，這其中的某些行動的確是不可或缺。但若我們重視外在世界遠超於內在世界，或是在日常生活中，沒有藉由真正花時間給予內在世界養分，來平衡外在世界的話，它將開始造成傷害，也會導致焦慮惡化。因此，我們需要積極的投入與堅定的決心，去學會如何關掉螢幕，並停止其他形式的外在追尋，然後走向較為安靜且緩慢的道路。

至於如何讓你安樂的存在之井成長，從字面上就顯而易見：你必須學習培養和存在之間的關係。存在就是無為，甚至凌駕於無為之上。你可以說當你攤在沙發上看電視的時候，的確是「什麼也沒做」；雖然這在漫漫長日之後也許能幫助你放鬆，但它無法為你的井注入養分充足的井水。對許多人來說，看電視和上網不只是放鬆的行為，也是他們藉由逃避內在世界，來登出的方式。

真正的存在通常是一個靜止、幽僻的所在，沒有任何干擾。它是一種陰性的能量，是沉思的、向內的，其本質存在於夜晚、月亮、水以及黑暗。它是緩慢、慈悲、柔軟、好奇，且隨遇而安的。它比緩慢還緩慢；事實上，它不具有時間性。我們現代的世界和現在的自己，所缺乏的就是這些。

為了打造一口安樂之井，我們每天、每週、每月、每年都需要閉關修行。有些人將這些內心的窗口稱為安息日（Sabbath）或休日，也是週末最初的設想。如同大衛·庫柏修士（David Cooper）在《讓你的靈魂重生》（*Renewing Your Soul*）中所寫的：

現代文明處處皆是了無生氣的飢餓心靈，我們的文明飽受其慢性症狀的折磨。先知教導我們，若我們餵養心靈，將能在生命中體驗一種全新的幸福，以及更多的意義。他們說我們能把自然看得更透徹，並將打開內在平靜的新世界。重整靈魂和一個人日常生活的觀點，可以改變一切。重點只是在於花時間慢下來，將平凡的意識轉變為更上層智慧的領域，賦予自己自省和沉思的禮物。

你要如何將內在的井填滿？方法有很多種，對其他人有用的，不一定適合你。但你內心深處是可以感覺到的：什麼可以打開你的心？什麼可以將你連結到生命力量與活力那條更深層的河流？或是有些地方和行動能夠幫助你轉向內在，用冷靜和向心靈國度的連結感來充滿自己。在你閱讀下面這些字句時，注意那個「贊同」的感覺，接著，每天都用這些行動來滋養你的心靈。

- 訴說感激。
- 紀錄並關照夢境。
- 新鮮的空氣與陽光。
- 對陌生人微笑。
- 園藝。
- 美好的事物，花朵，色彩，樹木。
- 坐在水體旁邊或浸泡在裡面。
- 和好友一起散步聊天。
- 繞遠路回家。
- 漫步閒晃。
- 巧遇野生動物。
- 寵物。
- 讀詩、寫詩。
- 描繪、彩畫、寫作、舞蹈、唱歌、吟詠。
- 被大自然包圍。

- 秋天的顏色、下雪、春季的花苞。
- 雨中漫步。
- 和月亮說話。
- 凝視星空。
- 聽蟋蟀唱歌。
- 燭光。
- 泡澡。
- 靜止、沉默與孤寂。
- 少一點行動，多一點存在。
- 保持靜默。
- 誠心誠意的儀式。

如你所見，這些行動或體驗都不需要花錢、開車遠行，甚至也不會花很多時間。通往你心靈的道路一直都是自由且開放的；為你指引道路的，則是焦慮。

健康儀式的基本功能

為了保持豐富的滋潤，心靈需要健康的儀式。在人類史上的多數時候，人們會投入古老的儀式，來讓自己跨過代表里程碑及轉化的那道脆弱的門檻；在那些時刻，不同世界之間的帷幕更是薄透，讓我們更能意識到時間、改變、失去與死亡的流轉。感受性強的兒童與成人，能夠察覺到我們站在這些起點以及面對整個生命的門檻時，有多脆弱。倘若沒有健康的拴繩來確立牢固的基礎，心靈將漫無目的地漂浮，我們則轉而朝向強迫意念及強迫行為，藉著它們來緊緊掌握，並創造出控制的幻覺。這些強迫症表現出來的外在行為，可能會是反覆確認門有沒有上鎖或爐火是否確實關閉；在內心的表現形式，則可能是精神上的強迫行為，例如不停地上網、一次又一次地確認目前你的焦慮所著重的那個問題。然而，雖然我們的文化傾向將這些強迫性想法與行為視為失常的指標，我卻認為這些徵兆是在告訴我們，其內在蘊含著不可言喻的美麗事物：一個如此精緻、敏感的心靈，迷失在一個不懂得珍視它的美好的世界裡，只能用它知道的唯一方式來尋求賴以支撐的事物。我們所謂的強迫性儀式，其實是脫了序的精神感受性：是我們的自我嘗試去掌控，避免壞事發生，但也界定了充滿不確定性的未來。

如何找到健全的支柱，是我們在孩提時代就應該被教導的，現在也需要被傳授給我們的

「外在」和內在小孩；這麼一來，我們在深深潛入生命之水的浩瀚無垠時，才能安全無虞。這些健全的支柱，指的就是充滿正念的儀式、祈禱與詩句，能夠幫助你與自己內在那感覺安全、連結及撫慰的泉源互動。若你每天早上起床與就寢前，都有這些要素相伴的話，將會增加你的安全感和受保護的感覺，並且降低焦慮。

倘若你和充滿正念的儀式相連結，你將能創造與比你更高層的存在互動。只要試圖放慢幾分鐘去轉向內在，就能夠幫助你和連結萬物的共鳴建立聯繫。這個聲音一直都在。你只需從事物的表面向下沉澱，試著去放開那強迫與成癮的控制，以及心智的嘈雜不休；你就會發現自己能輕觸到那哼唱聲。古時的人從幾千年前就知道，儀式能讓我們與健康的網絡形成連結，也提醒我們在此世界中的位置。這時，該是我們挖掘它的智慧、面對以心理成癮的形式呈現出的基本需求的時候了；我們也得以藉此盡可能在最深層的地方（也就是心靈中）自我實踐。

22 培養健康的儀式

思考一下你要如何進行早晨和夜晚的儀式，並允諾每天都會實踐。我建議你布置一個簡單的儀式桌，擺上蠟燭、鈴鐺、鑼或是一張對你而言充滿意義、能夠激勵你與自己連結的照片，再放上一些莊重的物品，例如貝殼、石頭，或是靈魂的象徵。

請謹記在心，你可以、而且必須創造與自己的價值信念系統密切符合的儀式。如果你已經有宗教傳統的基礎，就能從其豐富的儀式中選擇：你可以讀經文，誦讀祈禱，或是點燃蠟燭。如果你沒有信仰的話，不要被儀式這個詞嚇倒，它代表的只是要你規律地專注在一個正念行動上而已。我們都有組成各自生活的儀式，但它們大多缺乏意義，因此沒有創造內在的定位點與保護系統的功能。我們睡前都有固定要做的事，例如洗臉、刷牙，穿睡衣等等，但它們比較像是硬記死背的例行公事，而不是真正的儀式。現在，該是你創造與自己的價值並行不悖的儀式的時候了。

- 讀一篇充滿正念的摘錄或經文（放一本書在你的儀式桌邊很有幫助）。
- 祈禱。
- 呼吸。
- 練習正念。
- 誦念能夠幫助你連結到自我之愛的真言。
- 聆聽讓你覺得有所連結的有聲書（任何由 soundstrue.com 出版的內容都可以）。
- 背一首詩。
- 練習瑜伽。

- 寫下感恩的事。
- 寫下你的夢境。
- 立定每天的志向。
- 將自己接收的感官打開，注意周遭的世界：聽鳥兒在早晨唱歌，或是夜裡風吹樹葉的颯颯作響。如果你住在城市，試著對慈悲的共鳴打開心房；就是那樣的慈悲，將所有的生物連結起來，織成一張隱形的網。

你越是能開始實行並內化我在整本書中分享的練習與想法，對於輕扣你心靈之門的那些最初的惱人焦慮，就更能擅於調適，不需和它緊緊糾纏；取而代之的，是轉向內在並詢問：「我需要什麼？」有時你需要的只是站起來、走出去，呼吸一下新鮮空氣。這是你的心靈在說：「我已經受夠久坐、受夠工作，不想再心神恍惚了。我極度匱乏，需要照顧。我們出去坐在地上，或是一起讀首詩吧。」赤腳走在草地上或坐在花草附近，能在瞬間就修復心靈。記得，焦慮是你的朋友，不是敵人。它是一個使者，指向內心需要關注的需求或傷痕。你越是好奇地回應，就越能夠療癒；你越能夠療癒，就越能將「你原本的自己」這份禮物，帶給你周遭的世界。

當焦慮療癒時

療癒的最後階段，就是用發生在你身上的事，來幫助別人；這件事本身就是療癒。

——葛羅莉亞・史坦能（Gloria Steinem）

在你專注於這四個領域時，會注意到一件迷人的事：你越是以健康的方式去釋放、充電，內心的空間就越有可能開啟。若你不了解療癒的過程，可能傾向對這個空間提高警覺，也可能接著引發新一輪的焦慮。但反過來說，如果你了解療癒和自然一樣，有一個循環可以遵守，那麼你就能夠騰出空間，總是會從失去的另一端發現重生。但首先，你得穿過這個虛無的空間，這個存在於所有轉化過渡的第二階段混沌地帶。

焦慮與空虛

當人們從焦慮療癒時，會經歷一個自然且可預測的模式，我常聽到類似這則在我網誌文章下留言的感想：

> 雪瑞兒，妳能談談焦慮所占據的「空間」嗎？這就是我現在的感受。一切都很好，沒有什麼事讓我覺得焦慮，可是我還是有種哀傷和空虛的感覺。我知道它需要我的關照，但我想不出它是從哪冒出來的？

焦慮和所有情緒相同，都是一種能量。能量會在你的內心與身體占據空間。當你照料焦慮，而它開始消逝時，焦慮先前占據的空間就會釋放。留下來的，往往是一種空虛感。倘若你不用下一個強迫性想法或行為把這份空虛填滿的話，你可能會注意到下列情況：

- 你將開放一個空間，讓清晰明朗和／或主導的心靈進駐。
- 你掩蓋了一輩子的深層感覺將會顯現。

我們的文化鼓勵人們保持忙碌，並把空下來的時間和空間都填滿；因而當大多數人覺得空虛時，都急著找出問題出在哪裡，接著常會再次用絮絮不休的想法，再把它填起來。然而，與其把想法一股腦倒進那個空間，我鼓勵你只要在旁邊陪伴就好，為空虛挪出一個位置；不要去抗拒平靜的空間，要抗拒的是認為「空虛就是有問題」的文化信念。

記得，在轉化的三個階段裡（在放手、不安定狀態，以及重生中），空虛就是混沌地帶最明確的特質。使用我的方式處理焦慮的人，經常在他們處理了最初幾層焦慮，知道自己並不孤獨之後，釋出一個空間，讓智慧與痛苦進入。是的，智慧和痛苦這兩種經驗，在心靈的內在世界中休戚與共。

實情是，只有透過處理一層層因為停滯造成的焦慮，並觸及空虛感時，我們才能開始找到清晰。空虛是一個重要的階段。如同猶太教祭司得撒．費爾史東（Tirzah Firestone）於《在天堂紮根》（*With Roots in Heaven*）中所寫的：

> 有時候，力道更強的回應是鬆開手，就別再試著安撫這個黑暗的天使，停止搏鬥（停止反應、證明，以及捍衛我們的價值）並且靜靜地待著。藉由不再去回應我們內在的野獸，不去爭鬥，也不試圖證明它是虛假的，我們就能在自身內創造一個虛無的空間。在

心靈的道路上，這個無為的空間是很重要的。就像水要用空的容器來裝一樣，自性也需要我們內在的空間，來傾注它的指導。

當你發現自己正在這個交界——焦慮已經平息，只留下你和空虛時，就讓它待在那裡。倘若你停止移動與搜尋並找到平靜，就能接觸到那些渴望被知道的事物。沒錯，你會感覺到悲傷，會因為陳年的痛楚而吶喊，會發現自己既不成熟又脆弱。但你將向智慧敞開，找到清晰，並感覺到喜悅。就從保持你自己的心胸開放，並且願意去體會存在於焦慮中的任何事物開始。

現實生活不是好萊塢電影；它不是長兩個小時的彩色電影，不是有浩蕩旅程的冒險片，每個經過剪輯的時刻都十分刺激、有聲有色；現實生活不是《時人》雜誌，不是用修過圖的照片裝飾頁面，然後集結成冊的亮面銅版紙；現實生活不是Facebook，一連串簡短的動態短片，就像窗戶一樣，展現出其他人人生的繽紛。

生命中有的是空虛的時刻——甚至是季節。我們不會把這些拍成電影，因為它們表面上看來不太吸引人。但是從內在，如果你停下來靜止不動，就會發現自己的內在世界；它已經等不及要被看見，也比任何好萊塢的冒險更來得刺激、真實和有趣。如果你靜下來的時間夠長，並且持續進行內在功課的話，就能發現自己努力的果實。

努力的果實

我們從空虛感出發，將朝下個成長的階段邁進，也就是新生——新生來自於開採療癒的寶石，並讓這些寶石以某種方式進入這個世界。我指的「進入這個世界」並不是透過什麼多了不起的方式；任何方式都算在內，只要它能讓你對孩子更仁慈（因為你已經學會先對自己多點慈悲）、對地球更友善（因為你已經知道你值得被友善對待），或是讓自己去追尋一生的夢想。

我們不只是為了自己而療癒。這的確是一個非常重要的起點，但最終，這樣的內在療癒會自然而然向外擴散；這個世界需要你去做這件事。偶爾，當我們的抗拒高漲，自我也堅決不讓步的時候（例如當患者很難投入為了轉變所必須進行的每日功課時），我會說：「如果你無法為了自己而做，那能不能為了你的孩子或未來的世代而做？」為了讓其他人受惠而延展自己，並結束世代間的固有模式，往往能激勵人們找到勇氣，認真進行他們的內在功課。

療癒不是自我中心的。它並不是自私、奢侈，也不是我們多管閒事。它是基本的核心，是我們的世界所需，而我們的世界現在就需要療癒。它需要你們之中的每一個人，觸及自己心靈的深處，找到力量、勇氣和承諾，去為你的痛苦負起全責，學會處理你的想法，關照你的感覺，不再等著假手他人或待人解圍；取而代之的，是你邁向自己道路的那股力量。幫你的心靈煽風點火、讓你感覺確實地活著，並不是伴侶的工作；朋友陪你承擔痛苦，也不是理所當然。這些都是你的任務，而且非你莫屬；行動的時機，就是現在。

關係

　　當我們愛一個人的時候，並非自始至終、隨時隨地以相同的方式愛著他。因為那根本是不可能的，即使假裝做得到也不過是個謊言罷了。縱然如此，大部分的人們卻依然緣木求魚，這是因為我們對生命、對愛或是對人際關係的起落與漲退都普遍缺乏信心。在漲潮的時候我們歡笑，而對於退潮則極力抗拒。因為我們會怕退潮之後再也不會漲起，所以我們要求永恆、要求持續、要求不變。然而，生命中真正持續的是成長，真正的不變就是變。就像兩個舞者自在地跳動，互不緊抓，只有輕柔地碰觸，卻能夠相應無間。

——林白夫人（Anne Morrow Lindbergh）

《來自大海的禮物》(*Gift from the Sea*)

關係的脆弱

我們假裝自己並不脆弱，但這只是幻覺。我們的形體是精密的身體，與生命的共同體緊密交織。我們的知覺已經發展到能夠精確地適應無常世界的歡愉與痛苦、甜蜜與苦澀，以及得到與失去。愛與自由邀請我們轉向世界。它們賦予的禮物，是一顆富有彈性的心，寬闊到能夠去懷抱那脆弱卻位於核心的經驗。

——傑克・康菲爾德（Jack Kornfield）

焦慮在我們的親密關係中所展現的緊繃與混亂，是其他領域都望塵莫及的，尤其是我們與朋友、同事、親戚，以及最重要的——與伴侶和孩子之間的關係。因為焦慮向來是脆弱感覺的保護者（而我們最脆弱的部分，就是關係），在我們的心最有可能因失去而受傷的時候，焦慮特別無往不利，這自然有其道理。此時，了解焦慮的運作並解讀其訊息非常重要。如此一來，我們才不會迷失在焦慮最淺層的表現形式中，把我們自己和愛隔離開來——它是唯一一件我們渴望、需要，且比世界上任何事物都還要嚮往的事情。

在恐懼消失，我們得以窺見自己內心的那些時候，愛的脆弱會被啟發。許多年前的一個晚上，我曾有一次這種深刻透徹的經驗。身為兩個小孩母親的我，在一次很偶然的機會下，難得可以在傍晚去上我最喜歡的老師的瑜伽課。瑜伽課五點半開始，所以五點一到，我收好東西，和大家親吻道別，就往漸深的夜色駛去。我在停好車步行到教室的路上，對天黑了還待在外面的新鮮感驚嘆不已：第二十九街購物中心周圍光禿的樹上裝飾著冬季的燈火、初次約會的情侶們如詩如畫般悠閒散步、洛磯山脈從遠方一片深藍色的天光中聳立突出、年輕爸媽背著小孩從餐廳走到車旁，滿臉笑容地看著他們的寶貝。我已經很久沒在晚上獨自外出了，感覺自己好像從另一個星球造訪的外星人，徹底沈浸在地球的景象中。

那堂課很美好。老師傳授著智慧，當我配合著體位法呼吸時，身體隱約聽到他的聲音，讓他的一字一句慢慢地流入，產生非言語層次的迴響。偶爾會有某句話讓我屏住呼吸，像是：「我們必須友善對待我們的自我，因為它不是我們能夠擺脫的。自我，是我們必須在地球上旅行的那一部分；它知道自己無法陪著我們跨越死亡的界線，因此總懷著一種悲傷。我們必須帶著慈悲來面對這份悲傷。」他的話直接進入我心裡；我先想到我那八歲大的兒子，以及他對死亡未經過濾的意識，必然會讓他感覺到悲傷；再想到我和先生如何持續正面面對他的悲傷，幫助他找到在自己身體中界定悲傷的方法，讓悲傷能夠毫不滯留，迅速從體內消散。然後我想到那些在孩提時代時，也因為對死亡的意識而受折磨的患者；想像他們在試著處理這類存在的問題時，卻沒有任何指引，那該有多孤獨？我讓自己的心，朝著身為人類的痛苦、柔弱與原始敞開。

夜幕低垂，我在課程進行中，想到車子停在停車場遙遠的另一頭，得從教室走過去的時候，突然注意到一陣恐懼穿透我的身體。我二十幾歲時常常晚上外出，都把車停在各種匪夷所思的地方。那時候我當然會害怕，但我從來沒有像那天夜裡一樣，握著那麼多害怕失去的一切：一個我對他的戀慕難以言喻的先生，和兩個可愛的孩子；要是我發生什麼事，他們一定會崩潰。當然，我擁有的不只這些，還包括像家人一樣關係緊密的朋友圈；但在課程快結束時，從我滿懷恐懼的心中閃過的，就是我最親密的愛人，和我的親生骨肉。

我躺著休息，並讓呼吸深入恐懼中。在短短的時間內，我就能感受到在恐懼底下的，是我從沒想過自己能夠如此深愛伴侶和兩個兒子的脆弱。隨著我察覺到脆弱的感覺，眼淚也跟著掉下來。那不是悲傷，而是入世未深的眼淚，會流出來，是因為終於體認到愛得多深，就代表承受著多大的風險；還有，如果我們之中有任何人發生了什麼事，我們都會心碎。我沒辦法更深入想像了，卻只能抱著一絲微小的信念：萬一有任何事情發生，無論如何，我們都能夠以某種方式讓傷口癒合。

去愛的危險。噢，甚至在我此刻下筆寫這些字時，還是會覺得想哭。它的危險，在於親情的網圍著我們四個人編織、越繞越緊；在於我們每天越來越敞開我們的心，直到感覺自己的心會因為愛而碎裂。然而，我們的心不會碎，它們只會擴張。這份愛向外傳遞，直到凌駕我們世界之上的世界，要求我們超越自己成長。

每個投入這條療癒之路的人，都必須解開恐懼之心，並去接觸位於其最中心的去愛的危險。恐懼將我們從心裡從未被碰觸的脆弱之處隔離，但我很清楚，在愛情關係中，這就是那些沒完沒了的問題會不停出現的時刻（「我夠不夠愛對方？」「如果我只是在將就呢？」），以及心智對於其他（像是朋友與家人）重要關係，不停鑽牛角尖的做法；它們都是複雜的防禦機制，作用在於避免為愛付出的脆弱，以及以下這個極度痛苦的認知：倘若我們全心投入，就等於冒險去承受身為人類最痛苦的經驗——也就是失去與心碎。

存在於擔憂和侵入性思維中心的，純粹是對失去的恐懼；如果你能剝除這些想法，你將會哭泣，就像我那晚一樣。透過眼淚的力量，你就能找到繼續下去，並把心打開的勇氣，去冒唯一值得冒的險——把今天當成你活著的最後一天，完整並圓滿地去愛與被愛；毫無限制地愛，喜悅地放任自己去愛。你必須讓那些害怕的聲音在內心邊緣止步，同時知道它們已經不再主導，任其自然地看著你朝愛的懷抱奔跑、雀躍，或者是蹣跚而行。

Chapter 15 戀愛關係

我的婚姻教我的事，是真愛就只是你所付出的一切而已，就是這樣。愛情不是「在那裡」等你，而是在你自己。在你的心裡：在於你願意為愛付出什麼。我們都能夠愛，但很少有人擁有好好去愛的勇氣……你可以擁有一個人的愛卻不珍惜，但這樣傻的是你。當你付出愛時，它就彷彿是一朵經過仔細修剪的玫瑰花，在你內心成長綻放。愛就是喜悅。那些去愛的人，無論他們背負著怎樣的傷害或重擔，他們永遠都是充滿喜悅。

——凱特．克里根（Kate Kerrigan）

《完美婚姻的祕訣》（*Recipes for a Perfect Marriage*）

在親密關係中，不是每個人都會被焦慮纏上，但在一段沒有危險訊號（請見附錄A）且忠誠的愛情關係中，敏感、善於分析又謹慎的世人會經歷焦慮和懷疑，根本就是很普遍的事，可想而知。若焦慮的根源之一，是需要在根本就無所適從的世界中，找到確定性和立足之地，而我們在感情方面最容易受傷，也因此是最無所適從的——所以，焦慮在這裡出現的話，也沒什麼好驚訝的吧？然而，因為缺乏準確的訊息，也出於我們廣為流傳的文化假定，認為懷疑就表示不要，所以最初一些尋常的疑問或是正常的恐懼感，很快就會轉變並發展成嚴重的焦慮和恐慌。要通往滿意與順利的感情關係，我們都缺乏最基本的路線圖。

你將得到的，是你從來沒有過的健康愛情地圖。我們會從我的方法中，一個最基本的前提之一來外推：也就是在親密關係與焦慮之間，很常被忽略並誤解的連結。我們也會詳細闡明這個事實：愛情與恐懼不是互斥的；愛並不是一種感覺，而是一種行動和意願。每一次，當我們和令人安心也能夠互相扶持的伴侶，越來越親密、也越來越忠誠的時候，都會浮現一種恐懼——愛情則是願意和那恐懼搏鬥的行動與意願。因為愛與恐懼在心中纏鬥，親密關係因而要求我們變成愛的勇士。

什麼是關係焦慮？

我對「關係焦慮」的定義，是對一段健康並深情的關係，所抱持的廣泛性懷疑。它通常會起於一個念頭：「我夠不夠愛我的伴侶？」或是「如果我感覺不像在戀愛或不夠心動怎麼辦？」

接著便從那裡盤旋進焦慮中，影響你在關係裡、甚至是在生活中的處在當下的能力。即使是對沒有關係焦慮困擾的人來說，令人難過的是，我們近年來的離婚率急遽攀升，極少夫妻能夠體會到長久的真愛與熱情。這往往是因為我們從主流文化學到的愛情觀多為謬誤，很多人一碰上「沒有愛的感覺了」這樣的訊號，就先逃避再說。事實上，很多人從一段深情、堅定且健康的關係離開，其中一個最常見的理由是他們已經沒有感覺了：「我愛她，但我對她已經沒有戀愛的感覺了。」這種說法，被認為是分手的合理理由。

關係焦慮通常以兩種方式呈現，並且可能發生在關係中的任何階段，無論是剛開始還是已經結婚好幾年。第一種關係焦慮，發生在這個想法進入腦海的重要一刻：「我夠不夠，或是根本愛不愛我的另一半？」但在這種想法產生之前，當事者所描述的感情狀態都會是：「好得沒話說，濃情蜜意，夫復何求。我們之間的愛情好神奇，幾乎完美。」這樣的一對往往有很長的蜜月期，關係也非常健康。這種關係焦慮早期階段的特徵，就是極度渴望「把感覺找回來」，因為失去戀愛的感覺對他們來說，就好像心臟被從胸口切割開一樣。

第二種關係焦慮的產生比較有跡可循，而且可能在關係才剛開始的階段就出現。這種焦慮的特徵，是沒有針對性的懷疑感、缺乏吸引力，還有那種你們真的「只是朋友」的感覺；而你繼續這段感情的原因，只是因為你太害怕孤單了。有一些敘述，像是「我們之間不夠來電」和

「我只是在將就」，傾向主導此類型的關係焦慮。它特別令人倉皇失措的原因，是因為我們的文化頌揚的是戀愛的感覺，並以此作為判斷你是不是和「對」的人在一起的唯一指標；因此，若在關係建立早期就缺乏熱戀的濃情蜜意，將輕而易舉地招致懷疑和毀滅的感覺（直到你懂得更深入為止）。我常收到電子郵件，問我如果他們從一開始就疑神疑鬼的話，那我的這一套做法還有用嗎？答案是肯定的。

焦慮就是焦慮，跟它何時在哪裡出現、甚至是怎麼開始的，都沒有關係。重要的是焦慮一旦出現，你會如何面對？

不管是哪種焦慮——如果你的焦慮落在這兩個例子中間的話，這對你也適用；請記住，自我會持續地試圖說服你「只有你才會這樣」——生活在關係焦慮中，常會讓人墜入心靈暗夜。在這個時候，你熟悉的一切漸漸遠離，你將被邀請（或強迫被拖著），放開對你已經沒有用處的那些部分的自己，死過幾回之後，一個更慈悲、更有智慧的全新自己終將出現。不管焦慮用什麼方式顯現，你都可以選擇抵抗其召喚並且麻痺痛苦；但你也可以選擇穿越恐懼風暴的中心，向你人生中轉變最大的旅程輸誠。

什麼是健康的愛？

為了離開我們現在的所在地，我們必須知道要去哪裡；既然我們的文化放任我們，缺乏界定健康愛的守則、定義和行動，我們就得從這裡開始。我們已經知道不實際的期望與錯誤的信念會導致焦慮，然而，它們最頻繁出現的地方，就是浪漫愛情的領域。該是時候更新我們的文化作業系統，並且下載健康愛情的新守則了；如此一來，我們才能藉由用真實取代錯誤的信念，去關照思考的領域。

這裡也是一樣，我們的程式更新，最好從榮格學派精神分析學者羅伯特．強森開始。他說的很簡單，健康的愛情就像一碗燕麥。一碗燕麥？你也許會說：「多不浪漫啊！」也在心裡覺得十分乏味。愛情應該是上面點綴著櫻桃、灑滿繽紛配料的冰淇淋聖代，愛情應該是罪惡的義大利甜點。燕麥？多讓人沮喪啊！

在我們對浪漫上癮的文化中，這個想法以錯誤的方式觸痛許多人，並且經常引發諸如此類的問題：「熱情、戲劇性和刺激都到哪裡去了？愛情不是應該要讓我覺得不枉此生嗎？它不是應該要滿足我的每一個需求嗎？就算有些需求是我原先根本沒有的？」

強森的意思是愛情並不是萬靈藥，但我們蓄意讓人們如此相信。當愛情是誠懇真實的時候，你會從心靈覺得溫暖貼心，就像肚子裡的燕麥能讓你覺得溫暖、供給你營養一樣。這種感覺很好。它不是高潮迭起、讓人心跳落拍的羅曼史——不是好萊塢創造出來的那種東西。但它就是有用，很美好，很療癒。雖然不一定總是如此，但大部分時候，你們兩人會以獨特的方式連結在一起，一拍即合。更因為這不是日常生活每天都會發生的事，因此更顯得我們應該為此感激與慶幸。

許多人因為現實與他們的期望落差太大，而在關係中遭遇問題。許多人因為被我們的文化洗腦，構築了一整套不切實際的虛幻期待，他們期待愛情看起來和感覺起來，應該是某種特定的樣子，而被心裡那張愛應該如何的列表折磨：「我應該時時刻刻都要有戀愛的感覺。我應該無時無刻都想做愛（或至少一週兩三次）。我看起來應該要像 Facebook 上的所有朋友一樣快樂。我應該總是想要看到我的另一半。我應該一直覺得著迷。我永遠都不應該生氣。我的感覺應該要像冰淇淋聖代上面那些繽紛的綴飾一樣閃耀。」但你可以隨便去問一對結婚超過二十年的夫妻，他們會告訴你婚姻的基礎並不是繽紛的綴飾。在你的日常生活中，這些亮點可能來自於一個甜蜜的吻或一段滿意的對話，但它們不是婚姻的根本。這些夫妻知道什麼是愛，什麼不是。他們知道愛不是：

- **一時的熱戀**。一段關係也許是始於一陣激情和花火蝴蝶般的爆發，但這不是真正的愛——真愛的萌芽也可能不是如此，但這並不會減損這段關係的價值，也不會難以維持。火焰最終會熄滅，而學習真愛的過程才正要開始。
- **你問題的解答，或是拼圖裡缺少的那一塊**。唯一一個能從你自身的挑戰中，給你援助的，只有你自己。唯一一個能夠讓你覺得活得完整的人，是你自己。
- **一定會符合愛情喜劇或《時人》雜誌中呈現的影像**。
- **堅定地確信你已經遇到「命中注定的另一半」**。
- **你們每次見面時的愉快對話**。
- **每分每秒都很嚮往你的伴侶**。
- **不需要費心經營**。
- **無論何時都要喜歡對方**。你的伴侶會不時激怒你，這很正常。

現在，讓我們探索愛是什麼。

愛是……

- **行動**。當你真的愛某個人，你將學會他們的愛情語言，並且盡可能常常努力，用伴侶接收得到的語言表達愛意。舉例來說，如果你伴侶的愛情語言是肢體接觸，即便你可以一天到晚說「我愛你」，但什麼都比不上抱抱親親他或幫他的肩膀按摩，更能有效地傳達你的愛。

- **選擇**。我們選擇冒著去愛的危險。對我們認定的另一半，我們決定練習完全敞開心房。我們選擇摧毀試圖說服我們逃開的恐懼阻礙，也選擇挑戰流行文化散布的錯誤信念和不實期望，不去理會你必須百分之百確定自己和「對的人」、「真命天子」在一起，或是與伴侶必須心心相印的想法。我們決定投入與承諾；而透過承諾，我們得以讓自己擴展，邁向一輩子對愛的學習。
- **費心經營**。真愛會要求你踏出你的舒適區，為另一半拓展自己。
- **讓你成長並認識自己的機會**。愛情要求你為了另一個人擴展自己。愛情邀請你打開內心，即便你的慣性反應是抱持著恐懼緊閉心門或退縮。愛強迫你正視自己的邊緣，以及你每次投射在伴侶身上的恐懼、不安全感和舊有的傷痕；它要求你為自己的痛苦負起全責。透過這份感覺痛苦的意願，你的心將對愛的喜悅開放。
- **冒險**。愛情說：「賭上你的存在、賭上你所知的一切、賭上你安逸生活的安全感和熟悉感。」因為當你選擇對愛情點頭時，就已經讓你的心變脆弱，面對可能被傷害的危險了。我們大多數人都會打造複雜的防禦機制，來避免冒這個險；甚至已經到說服我們自己，必須離開一段充滿愛與神奇的真誠關係的地步了——然而，真相是我們太害怕冒險去愛。

- **比我們的文化勇於承認的複雜得多，證據是英文裡描述愛的，只有「love」這個字。**

強森（Johnson）在《釣魚王與沒有手的少女》（*The Fisher King and the Handless Maiden*）中寫到：

梵文用來指涉愛的有九十六個字；古波斯文有八十個，希臘文三個，而英文只有一個。這表示面對這麼重要的感覺領域，我們給予的意識和重視有多貧乏。愛斯基摩人有三十個字都是用來指稱雪的，因為對他們來說，掌握與其生存緊密相關之元素的精確資訊，是生死攸關的事。若我們的詞彙庫裡有三十個字可以拿來談論愛情……面對這個如此靠近我們內心的人性元素，我們對它的認識立刻就能變得更豐富，也更有智慧。若哪個愛斯基摩人只知道一個和雪相關的詞彙，就很有可能會死於愚昧；而我們因為代表愛的只有一個字，所以我們就快要因為寂寞而死去。在所有西方語言裡，只要談到感覺，英文恐怕是最匱乏的。

要體驗愛情有很多種方法，但只要提到我們的親密夥伴，我們期待的卻是用單一標準來衡量的特定愛情：也就是「瘋狂的愛戀」，完全不容許一絲懷疑或不確定性，來遮蔽那個純粹、狂喜的經驗。我們在自己身上施加了巨大無比又不切實際的壓力（尤其是在關係的早期階段），我們必須從我們的親密伴侶身上，感受到某個確切程度和感覺的愛。我們相信愛是可以測量的，而且也相信有所謂愛的正確方式，或是足夠的愛的數量，以作為你遇到「對的」伴侶，所以現在可以結婚了的訊號。

為了讓我們對浪漫愛情的視野更加廣闊，將「我愛你」這個句子拆解，是有幫助的；我們因而得以開始了解，你能夠向伴侶表達愛情的方式，不計其數且形形色色。

當他細心體貼，在零下近三十度的氣溫中，幫你把車上的積雪清乾淨，或是買了你最喜歡的麵包時，你感覺到的是感謝。

你剛從一天繁重的工作回到家，她就準備好熱騰騰的食物和你最喜歡的電視節目，在家裡等你時，你的感覺是撫慰。

當她陪你參加今年第十二次的家庭聚會時，你的感覺是感恩。

你看到他在房間的另一頭，知道你們是天生一對時，你感覺到的是暖心。

在她親你的時候你會顫動，也許不是每次都會發生，但還是足以讓你知道，你們之間仍然有火花。

在你們一起經過一次嚴重的衝突，變得比以往更加堅強時，你感覺到的是信任。

當你想起要找到「懂」你，而且你也「懂」他的人，是多麼難得的事時，你會覺得敬畏。

當你專注在伴侶的某個身體特徵，而讓你的心融化並展開笑顏時，你感覺到的是溫柔。

你們一起聽最喜歡的歌，或是在舞池上盡情玩樂的時候，你感覺到的是愉悅。

在睡前，你們一起各看各的書的時候，你感覺到的是滿足。

在你們年復一年悉心照顧感情的花園，一起經過考驗、歡慶喜悅，並且知道互相會成為彼此成長與快樂的支柱之後，就會感覺越來越穩定。

當我們調節自己的覺知並讓意識變得寬廣，以在我們文化的狹隘定義中，納入這些不同的變化時，我們才會知道浪漫愛情是多采多姿且包羅萬象的，比大螢幕上放映的影像，更加無窮無盡地豐富；比起有時候讓一段關係開始的那種蝴蝶飛翔的單一感覺，有更多微妙的細節和盎然的生意。它是真實且誠懇的；當我們承諾愛一個人，和他一起學習的時候，這將變成一條我們所能夠踏上的，最能夠自我實現，也最有意義的路徑。

恐懼的雙眼或清晰的雙眼：愛情與恐懼並不互斥

我們在持續擴充與微調我們對愛情的定義時，必須認知愛和恐懼的交纏有多深。我們對愛的理解和期待並沒有涵蓋恐懼，這是我們文化最重大的疏忽之一，也將人們導引至無可言喻的嚴重焦慮中。就像悲傷和喜悅在人們的心中比鄰相依一樣，愛與恐懼，是注定來幫助我們發展去愛的能力的兩個極端。恐懼不是我們的敵人，但當它出現在關係中，我們卻不知如何處理時，很快就會造成痛苦，導致人們從真正相愛與互相扶持、天作之合的伴侶身邊出走。我們必須了解並尊重恐懼的角色，以免它占了上風，轉變成焦慮。

在我們深愛另一個人時，恐懼就會昂起頭。恐懼的用意在於保護脆弱的心，是護衛那個神聖入口的崗哨。通過恐懼的方法不是發動戰爭；這場仗你永遠贏不了。進入愛的通道的方式，就是將恐懼召喚出來。如同我們稍早在本書中學到的，我們全都需要被看見與聽見，恐懼也不例外。

當我們正面面對恐懼，就能和它做朋友；一旦我們成為朋友，恐懼就不再是敵人，不再是需要避免或征服的事物。和恐懼做朋友，代表的是接納恐懼所有的呈現方式：懷疑、孤立、不確定性、缺乏吸引力、惱怒、缺少戀愛的感覺，以及幻想有完美的另一半或是前幾任伴侶——這些是我們能知道自己的心已經關閉起來的徵兆。倘若我們篤信真愛不包含上述的恐懼表象，當這些感覺浮現時，我們就會認為出了什麼問題；然而，實際上一點問題都沒有。這些存在的狀態，都是愛的一部分。當我們拓展愛的定義——實實在在地讓它像大汽球一樣膨脹，來納入這些比較不舒服，也理所當然沒那麼迷人的感覺（不是我們的文化一想到浪漫愛情，就會自動產生連結的那種）——我們就會感覺自己的心也跟著開闊了。

和在愛情中出現的恐懼做朋友，代表的是逐漸去了解它，就像你會想要了解一個朋友一樣。當你熟悉了恐懼，就會知道它有時是一道牆，有時是簾幕，又有時是一層淤塞心靈的泥巴。從好奇的探索心態出發，你會知道你的內在世界不是僵硬且界線分明的地方，不是自我所認為的那樣；它的構成，並不是來自一旦確立之後，就能夠無視時空的尖銳線條與明確答案。我們內在世界的景觀是多彩且反覆無常的，在那裡，恐懼與愛互相融合與碰撞之後，最終會面對面站著，如此一來，愛就能將恐懼擁抱在它溫柔的羽翼之下。

當我們否認恐懼時，我們將透過恐懼的眼睛，去感知我們的伴侶及周遭的世界。恐懼會讓感知扭曲——更適當的說法，也許是「否認我們的恐懼」會讓感知扭曲。當我們否認恐懼，並將它從我們的內在世界放逐時，就是透過匱乏的雙眼在觀看：愛得不夠、火花不夠、幽默不夠、交談不夠；沒有愛意、溫柔和容忍的優點。這是自我充滿尖銳線條的世界，以及它單方面對確定性的需求。但當牆壁或布幕升起時，你可以說：「我感覺走到了邊緣，那不是你。」陳述它、承認它，就能夠化解阻礙。

接著，內心的本質會突然湧現，你又能夠用清晰的雙眼看見。你固有的本質如同春天河邊的蘆葦般成長，你也能看見河岸上另一半的美好。你會看見這本質中，與生俱來、無法改變的特質，看見他的溫暖與善良像一條清澈的河流般流過，看見他的誠實和幽默，彷彿初識時在你眼前逐漸展開綻放。最初的愛又死灰復燃；你們甚至可能是第一次有這種感覺。

要是能永遠停留在這種眼清目明、敞開胸懷的狀態就好了；但這樣的話，我們就不是人類。身為人類，也包含緊閉心門和關機，包含退縮和撤出。人與人之間的疏離，幾乎就已經是身為人類的定義，和界定另一個國度的圓滿南轅北轍。身為獨立個體的人類，我們會失去連結；此時，由於心思細密的人容易傾向焦慮，懷疑必然會悄然浮現。

面對懷疑，我們文化的訊息十分明確：懷疑就表示不要。如果你對伴侶有任何懷疑，就表示你在交往的是錯的人。對於你的關係，任何有所根據的疑問，或是表達出正常的恐懼，都會立刻被解讀為錯誤的徵兆。

對焦慮的內心來說，懷疑是無法避免的。而對於那些盡可能用最高解析度的顯微鏡，來檢視每個決定的心智而言，懷疑不只該為他們的重大問題（例如「我怎麼知道我愛他？」「真愛到底是什麼？」「我怎麼知道我們不會像我爸媽一樣收場，或是成為離婚統計數字的那百分之五十的一部分？」）負責而已，懷疑就等於恐懼。既然恐懼畢生的任務就是保護你，不讓你有任何受傷的可能性，那麼它當然會在你最親密的關係中，打造一個堅硬的外殼，因為你在那裡感受到痛苦的風險最大；恐懼或懷疑會浮現，試圖讓你盡速逃走。

你該聽信這些想法嗎？我的一位患者，對自己人生中的每個方面（不只是感情）說了一句很有智慧的話，而答案就在其中：「如果我相信懷疑，那早上就永遠下不了床了。」換句話說，懷疑是焦慮心智的管轄範圍中，很正常的一部分。在你學著有效地處理焦慮時，會聽見恐懼的台詞，但你不需理會它的建議；它將不停朝你心裡射出飛鏢，但你可以學會不要中毒。相信文化所謂「懷疑就表示不要」的謊言，就如同讓自己屈服在恐懼的腳邊，說著：「你贏了，你掌控了我的人生。」然後就像我的患者說的一樣，你永遠都下不了床。你會毫無危險地生活在安全中，生活在一個經過精密控制的保險箱裡。你會活著，但你無法真正活在當下。處理焦慮，代表的是有意識地走出那個保險箱，感情關係賦予我們的，是最強而有力，也是最嚇人的訓練場，讓我們去練習這種全心全意的冒險。

了解關係焦慮的關鍵概念：投射作用，以及追逐者—抽離者症候群

為了迎戰恐懼，你必須能夠辨別恐懼的詭計；它試圖說服你「你的對象是錯的」，而你的焦慮則是要你逃跑的直覺。倘若在親密關係中的每個人都了解幾個關鍵概念的話，我們的關係滿意度必定會上升。

首先是投射作用。投射是一種防禦機制，當一個人否認他們自身的負面特質或感覺時，反而會把它們歸咎在其他人身上。在親密關係的情境中，投射作用可能會以很多不同的方式呈現。舉例來說，如果妳先生的母親控制欲很強，在妳要求他開車慢一點的時候，他可能會覺得妳在支配他，即使妳當下一點都沒有控制的意思。這就是我們所說的，他將自己的母親投射在妳身上。同樣的道理，你的妻子可能會覺得你的性需求讓她窒息，因為她在過去的那段關係中有受到侵犯的感覺，但她沒有去關照那個問題；我們就會說她將她的前男友投射在你身上。這種時候，就是沒有好好被處理的潛意識素材，不知不覺地潛入關係中。若你的羅盤是指向學習的，你就會相信伴侶事實上並沒有在控制或是侵犯你，並且將這視為一個療癒需要關照的內在

世界的機會。

「我不愛他」或「我對她沒感覺了」這類的想法悄悄入侵的時候，也可能是投射作用以關係焦慮的形式浮現。如果你的關係很健康，也有情感連結的核心，而且焦慮沒有從中作梗的話，這就很可能是你把自己的恐懼投射在伴侶身上。那麼我們該做的事，就是移除你在伴侶身上的投射（雖然可能會非常艱難，因為那個聲音聽起來很有說服力），並面對你內心需要照顧的重大感覺。

偶爾，若這種情形與特別痛苦的轉化或過渡相關，那麼它甚至也可能在婚後幾年才出現。假如你的岳父過世，你妻子曾經和他很親，而她又是很難轉而正視自身痛苦感覺的人的話，可能就會否認自己的悲傷與孤單，然後突然覺得對你沒有愛了。她被擊潰的痛苦感覺轉變為在你身上的投射，因為自我的心智會偏好專注在可觸及的思考，而不是脆弱又無形的感覺。這時候她該做的，就是停止在你身上的投射作用，並且找到去感覺自身痛苦的意願與勇氣。

若你聽到下列的念頭沒來由地冒出來，就有可能是你的投射作用在作祟。

- 我再也不愛他了。
- 我不想要這樣。
- 我們太不一樣了。

● 我一直以為自己會跟更有魅力、財務穩定、受更好的教育、更會社交、更風趣、更性感、更深情等等的人在一起。

另外一種理解投射的方式，是完全用字面上的意義來思考：這是你內心隱藏或潛意識的那一塊，投射在你的伴侶身上；他的臉變成了電影螢幕，他的舉手投足、笑聲、他咀嚼的方式，或是他的缺乏社交靈活度，可能都會變成你將你的恐懼，或是難以招架的感覺投射在上面的螢幕。倘若你對投射的概念還很陌生，也許會很難相信或理解。但如果你花點時間在心裡反覆思索，你將開始發現其中的奧妙，它也會幫助你為你內心的某些陰影負起責任。

第二個關鍵概念是追逐者—抽離者症候群，是一種我們被洗腦成認為這就是真愛的感情關係模式。

幾乎每段關係裡，都會有追逐者與抽離者。追逐者握有確定感與戀愛的感覺，顯然無所畏懼；抽離者則抱著懷疑與缺乏愛的感覺，也比較常是築起各式各樣高牆與藩籬的那一方。當一個患者說：「我和前任感情很好，我內心一點疑惑都沒有。」我就會馬上問：「你當時是追逐者還是抽離者？」而他們的答案總是不約而同：「追逐者。我的伴侶從來沒有隨侍在側，我總是有還差一步的感覺。」接著，患者往往會停頓下來沉思一陣子，然後說：「我唯一能體會到那些火花與確定感的時候，就是我的伴侶並不是完全觸手可及的時候。一旦追逐結束，我知道他哪裡都不會去的話，我們之間的牆就會築起，浮現懷疑。」

許多好萊塢電影陳述的主題，是當感情關係開始的時候，故事就結束了；也就代表著在九十分鐘的劇情裡，我們是被那些無論在實際上或情緒上，都互相追來追去、總是錯過對方的角色深深吸引。我們將我們的渴望，直接建立在他們的渴望上：看著他們錯過、接吻、再次錯過對方，直到——啊，終於！他們激情地繾綣纏綿，然後如萬眾預期般地朝著日落揚長而去。

就是因為這種編排，我們理所當然地將愛與渴望畫上等號，表示我們唯一會覺得自己在戀愛中，而且十分確定的時刻，就只有在伴侶不是完全可及的時候。我們追逐、渴望，然後就覺得自己戀愛了。

這裡再插播一下：愛情並不是渴望。

比起抽離者，追逐者不一定是愛得比較多或對親密關係抱持的恐懼感沒那麼深的一方，了解這一點非常重要；倒不如說是追逐者對於放任戀愛的感覺進入，覺得比較安全，因為他知道自己的伴侶會築起一道牆。無論這道牆是多難以捉摸，它都能讓人感覺「盲目熱戀」是安全的。要是情況反過來，就如同在長期感情關係的各階段中都常發生的一樣：當抽離者變成追逐者的時候，追逐者必將面對面接觸他的恐懼。

羅伯特・強森在《我們：了解浪漫愛情的心理學》寫著：

> 我們在生命中，花了很多時間去渴望與追尋——但卻不知道為了什麼。我們有那麼多表象的「目標」，那麼多我們以為自己想要的事物，結果卻只是一堆面具，我們真正的渴望隱藏在它們後面；它們只是我們望穿秋水的那些真正的價值與特質的象徵而已。這些真正的價值與特質，無法被化約成有形或物質的事物，甚至也沒有辦法簡化成一個活生生的人；我們能夠感覺到這些精神特質：愛、真實、誠實、忠誠、意志的崇高與可貴，更值得我們為其奉獻。然而，我們試著將這一切簡化成物質房子、車子、更好的工作，或是一個人卻行不通。我們一直在尋求神聖，卻都沒有察覺。而神聖是無法被簡化成任何其他事物的。

我們的文化將人類最基本、最重要的對神聖的渴望，誤導到人和物質上面，尤其是感情關係。如果你發現自己和一個完全能掌握的人在一起，渴望並不存在的話，會怎麼樣？或是你瘋狂陷入愛情中，隔天卻發現感覺已經變淡或消逝了？或是根本從一開始就沒有這些強烈的激情感受？典型會發生的事，就是你誤以為自己的對象是錯的，你並不是真的愛他們，或者是愛得「不夠」。如果你是容易焦慮或想太多的人，也不了解正常、健康的愛的軌道或像投射這樣的概念，就很可能會發現自己掉進焦慮的無限循環中，總是在問無法回答的問題。

但這才是學習真愛的任務的開始，和好萊塢的版本大有不同。

23 處理投射作用

當你注意到自己困在自己的想法或投射中時，記得正面面對它，並說出：「這是投射作用。」這個簡單的動作，能夠幫你拆除那條恐懼心智反覆述說的故事引線，也可以協助你跨出下一步，就是去問：「這些想法不想讓我感覺到的是什麼？」接著看看你是否能溫柔地讓你的內在家長作主，陪你進行第十一章中敘述的練習，並稍微帶著以下的改變，「對欲望更加好奇」：專注在自己的呼吸上，留意你的感覺；辨認浮現的任何一個以前的模式、信念或情節，再回到感覺本身。最重要的是溫和、有耐心。這之中沒有哪件事是一蹴可幾，或是輕而易舉。但隨著時間、投入及勇氣，你會開始注意小小轉變引導其改變。

Chapter 16 在焦慮年代中教養下一代

沒有真正的感覺，就不會有成長。沒有以他們原本的樣子被愛的小孩，學不會如何愛自己。他們的成長是一個取悅別人的練習，而不是藉由經驗來發展。在他們成人後，必須學會撫育自己迷失的內在小孩。

——瑪麗恩・伍德曼《回到內心的家：對女人身心滋養的思考》（*Coming Home to Myself: Reflections for Nurturing a Woman's Body and Soul*）

我們的文化為教養設立了一個不可能的模式，它越來越強調完美。但就如同你在本書中學到的，很少有其他事物，能像不切實際的期望一樣，引發那麼多焦慮。許多年來，有無數的母親和我分享，無論是談到教養的哪個方面，像是睡眠、食物、社交和學業，她們都感覺自己一直在做錯事。她們眼前所見的，都讓她們接收到這樣的訊息——自己所做的決

NOTE▶ 即使你沒有小孩，我還是鼓勵你閱讀這個部分，並且把重點從親生的孩子，轉移至你的內在小孩。你也可以仔細想想，你自己的成長過程和本章所傳遞的守則的相異程度有多大？並思考這對你的焦慮的影響。

定，根本跟不上那個不夠明確、也不可能達到的標準。但你現在知道，只要你一有「我是怎麼了？」這種羞愧的心態，就很容易墜落到焦慮的迷霧中。

事實是養育小孩沒有說明書，因為不會有兩個小孩或任何親子組合的型態是一模一樣的。然而，還是有一些基本前提存在，如果我們正確實行的話，就能夠藉由平撫些許算是人之常情的天生焦慮，讓教養這條充滿挑戰的路稍微容易一些。在本章中，我會分享這些前提，也會分享我自己及患者們的教養歷程的故事，提供你一個大範圍的路線圖，告訴你若以自我疼惜（self-compassion）和善良作為教養的方式，會是什麼樣子；如此一來，我們就能夠養育出了解、喜歡，也相信他們自己的孩子。因為最終我們對自己孩子的希望，就是如此。

擔心是身為父母的課題

焦慮是教養的一部分。像我們對孩子這麼悉心呵護，要不為他們擔心是不可能的；但若我們因為擔心而自我評判，就只會讓擔心越來越嚴重。因此，在我們開始對教養更廣泛的討論之前，我們必須邀請擔心進入我們教養的心靈，為它騰出空間。

每有一個新生兒，這種擔心就會捲土重來。如果你天生就具有憂慮的基因，在每一次轉化時，它都會再次出現，作為幫助你再多療癒一層這份固有特質的機會。因為在轉化發生時，總會有某個我們不想要的特質探出頭來，你可以學著如何處理它，並因此帶來成長；或者是忽略它，但這卻會讓它更深深嵌入你的心理組成。大多數人在轉化時並沒有意識和指引，因而走上了阻礙最少的道路，讓這個習慣變得更根深蒂固。親子教養提供了日常機會，來學習更具意識且有效率地處理憂慮。

在我生第二胎時，這一點不言而喻。我已經陣痛了十二個小時，卻還沒能產生強烈宮縮，讓我得以將寶寶推到這個世界。我的助產士感覺得到有種心理因素在阻止我的身體打開，開到足以進入在分娩的下個階段前，必須發生的內在屈從。她稍微靠近我，並說：「妳看起來很傷心。」我就是在這個時候潰堤的。我哭著訴說自己有多擔心失去和埃弗瑞斯之間那獨一無二的關係，有多擔心埃弗瑞斯對弟弟會有什麼反應，有多擔心自己能不能像愛埃弗瑞斯一樣地愛另一個孩子。她坐在我的床尾說，「擔心就是為人母的工作」，這句話是來自潘姆・英格蘭（Pam England）的《從內在出生》（*Birthing from Within*）。

我懷第一胎的時候看過這本書，也讀過這個句子，但直到我成為母親之前，都無法參透它的意義。當埃弗瑞斯還是嬰兒時，我就一直擔心他：他健康嗎？他快樂嗎？他會不會受傷？他會餓嗎？他不舒服嗎？連我先生只照顧他幾個小時，我也幾乎一刻都無法鬆懈，擔心他們的安危。我會幻想車禍的慘烈畫面，然後警察就會出現在我門前。我真心感激手機的發明，在他們每次出遊時，我都得用上不少次。擔心就是為人母的工作。

在埃弗瑞斯大一點，已經跨出嬰幼兒時期好幾年之後，我才稍微沒那麼擔心，因為他比較穩定，也不那麼脆弱了；否則在他還很小的時候，我每天半夜都得確定他還有呼吸，甚至經常一晚檢查好幾次。我先生可以帶他出去一整天，我通常不會需要打電話（雖然還是會傳簡訊）。我發展出越來越多信心，相信埃弗瑞斯會沒事的；即使有什麼問題，像是受傷或生病，我也能找到可以應對的資源。我得以更熟練地運用下列的關鍵，來設法處理生兒育女與生俱來的憂慮。

第一個關鍵就是我剛剛提到的，接受擔心是身為父母的一部分。我們已經很廣泛地討論到接受並擁抱悲傷、恐懼、嫉妒、枯燥和孤單這些身為人類，會真實存在的感覺。雖然我們通常不會把憂慮加入這份清單裡，但只要事關教養，當我們深愛著孩子時，幾乎是不可能不去擔心他們的健康快樂。情境要求我們接受，接受則將啟發慈悲；當我們接受擔憂，而不是因為我們的擔心而去評判或苛責自己時，我們就會比較容易駕馭。

第二個關鍵，是接受這件事：你對孩子的生活會有什麼結局，包括他們的日常健康及長期的情緒安定，都是無能為力的。我們當然會盡己所能確保他們的健康與安全，但既然我們無法將他們與世隔離，就必須接受生命中什麼事都有可能。蜜蜂可能會螫人，骨頭可能會斷，疾病和發燒會讓人無能為力，意外也會發生。這是一堂長久持續的課程，教我們交出自己的掌控權：我們每天、甚至一天內就必須提醒自己好幾次，發生在我們孩子生命中的大多數事情，都是我們無法控制的。我們的自我恨死這個現實了！但我們更高一層的自己卻因而感到寬慰，因為這代表著我們只能做自己能做的事，其他的就只能交給更上層的存在。

第三個關鍵是祈禱。自從孩子們出生的那天，我每天都向上帝祈禱，願他們平安，願我和丈夫平安，並請讓我在能力所及內，成為最出色的母親。以前，我看到埃弗瑞斯爬到遊樂設施的高點時，我就祈禱。在他生病時，我也祈禱。當我看到艾席爾因為新牙試著穿破骨頭與牙齦長出來，所以感覺非常不舒服時，我還是祈禱。當擔憂威脅著要耗盡我的精神、啃噬我的喜悅時，我祈禱。「神啊，請解除我的擔心。請幫助我軟化，請幫助我。」如同我在本書其他地方所說的一樣，就算你不相信祈禱，做就對了。這能協助你將能量轉移到某些看不見的通道，你不需要相信，它們也會把工作做好。

第四個關鍵是練習感激。擔心是負面的頻率，是心智的慣性傾向，專注在可能會有某些壞事發生。在我的孩子還小時，我每天都練習想像，將內心的電視頻道從擔心轉到感激，直到習慣成自然。在擔心的螢幕上，我會看到埃弗瑞斯從樓梯上跌下來，或是從遊樂設施上墜落，這些影像非常嚇人。但在我轉台之後，鎖定的是心存感激的頻道。投射在那個螢幕上的，是我美好、健康又快樂的兒子們。我看到的是他們發亮的臉龐和燦爛的笑容。我會看見埃弗瑞斯衝過我們的綠草皮，邊試著躲開灑水器的時候笑得樂不可支；我會看到艾席爾安穩地坐在背帶裡，像看著英雄一樣地盯著哥哥，臉上掛著開懷但牙齒還沒長出來的笑臉，比陽光還閃耀。有時候我看他們像是年輕人，在我和先生幫他們拍照的時候，手臂勾著手臂一起靠在圍籬上，講一些只有他們自己才懂的笑話。有時候我看到的甚至還更遠，像是婚禮的那天或其他充滿喜悅的場合。接著我就會回到現在、回到這一刻，也回到看著他們一天天長大的純粹幸福。

給為人父母的抗焦慮療法：感恩、調適，把視野拉長

面對焦慮，感恩是十分強大的解藥，所以我們在這裡多著墨一些。倘若一個家長沒有連結到感恩，那麼生兒育女的喜悅與興奮，很快就會崩壞成怨恨和苦役。為人父母是最大的犧牲，對女性來說，這種犧牲從懷孕期間就開始了。女人把身體交出來，孕育一個新生命的成長；她在自己的人生獲得最重大啟發的時期，讓孩子誕生；接著她必須從早到晚慈愛地照顧小孩，必須有一段或長或短的期間，不定程度地犧牲自己的睡眠、自由、獨處的時間以及性慾，為了讓

孩子生存、茁壯，但願他們成長為有愛心、慈悲心與自信的成人。這是多重大的任務啊！但若我們無法看見此過程的每一個階段，其內在固有的奇蹟，那麼任何犧牲就都不值得了。

與感恩相關的一種錯誤觀念，就是認為你必須要先感覺到感恩，才能與其建立連結；但實際上並非如此。有時感激之情就像水一樣洗淨我們全身，那感覺像寒冷冬天中的暖陽一樣充滿你的身體。但通常，感恩是你必須主動挺身觸及的東西，尤其是深埋在往往分身乏術、精疲力盡地拉拔小孩長大的那幾年中——直到它像一隻厚實的手般，伸手給你回應。就像微笑一樣，即便是你不快樂的時候，笑一下也能為你的神經系統帶來片刻的冷靜；即使你並不特別感激，說聲謝謝也能夠幫助你觸碰並啟發內心的感恩之流。

我們的做法是：記得慢下來，並大聲說謝謝；清楚地用眼睛看、用耳朵聽。我和丈夫這麼多年來熱愛陪孩子睡的原因之一，是在這段固定的時間裡，我們得以躺在兒子身邊，看著整天的壓力和挫折化為烏有，直到只剩下稚嫩的天使睡臉。每天晚上，當我讚嘆地看著他們祥和的美好時，從我唇邊自然浮現的兩個字，就是謝謝。

如果你有小孩可以照顧，那你很幸運，真的。當你花時間體認這份幸運時，現代父母的日常生活中常見的負面點點滴滴，將會匯集成愛與感恩的正向河流，能夠鼓舞你的日子。

給父母的第二種抗焦慮治療，是學會調適心態，接受孩子原本的樣子，而不是你希望他成為的樣子。在某些時候，每個父母親都需要悼念他們幻想中的孩子，才能藉此懷抱他們自己的小孩。你以為你的小孩在運動方面會很出色，結果他卻是個書呆子。你以為他會踏上你的腳步、喜歡科學，但他愛的其實是音樂。我們都會想像自己的小孩將成為的模樣，而我們必須打破這些想法，並為它們悼念，否則就會轉變成焦慮。你為其感到悲傷，才能看得清楚、愛得完整，從而支持你的孩子，而不是你希望他成為的樣子。就像你試著扭曲自己，塞進我們的文化說「你應該要像這樣」的模子裡的時候，會產生焦慮一樣——若我們這樣對自己的小孩，則將無限延續這個惡性循環，不只造成我們自己的焦慮，還會伴隨著「你們有某些地方有問題」的訊息，把焦慮傳給孩子。

當你仔細地傾聽並調適，你將記起你最想要孩子擁有的，就是讓他們得到滿足，更甚於任何表面的成就。倘若你能夠走出文化對成就和完美的堅持，並取而代之地認真投入，用小孩真正的樣子來看待他們，就得以很快注意到他們獨特的光芒、他們與生俱來的特質，以及在這世上行動的方式。

我認為教養最重要的任務之一在於反映，支持孩子們的興趣，注意能讓他們發光發熱的事物，無論那是道怎樣的光芒，都要傾全力支持。若是碰上新手爸媽，我都會鼓勵他們仔細觀察這些火花，密切留心能夠啟發孩子的注意力與想像力的活動。我也深信每一個孩子，都擁有能夠燃起他們火焰的領域、活動、書籍、人物或主題。

例如，我看著大兒子不到兩歲時的照片，他在拉手提包上的拉鍊，開開關關地想知道這是做什麼用的，我因此感到驚訝。他對工程的興趣從一歲起隱約透露出來，到一歲半時完全顯而易見。我們小兒子的興趣則非常不一樣，他也是在很小的時候就有跡可循了；對於這點，我深深覺得不可思議。

如果你仔細看，就能看到孩子的光芒。重點是，不要讓你自己的計畫阻礙了道路，如此一來，你才能看清前方有什麼。如果你很想要女兒當舞者，但她很顯然對科學比較有興趣——若你的視野被自己的欲望遮蔽，就可能會錯失所有關於科學的蛛絲馬跡。這是一個強大的心理真實，以很多層面來說，小孩會活出自己的父母未曾經歷過的人生，因此我們必須盡力悉心關照我們潛在的渴望，以避免將這些渴望強加在孩子身上。有時候只需將它說出來，就能幫助將它從潛意識的領域，轉移到意識的領域。只要高聲說出：「你知道嗎？我對自己沒有去追尋對舞蹈的熱忱，感覺很難過。」你就能夠坦誠，並藉此讓你的孩子們自由，去實現他們自己的人生。

給父母的第三種抗焦慮治療，是著重在長遠的視野上。教養是一條漫漫長路，但我們卻很容易被眼前虛耗精神的焦慮驅趕鞭策。當你的嬰兒抗拒汽車安全座椅，把它當成刑房一樣的時候，看看其他稍微大一點的小孩：知道全部的孩子都將學會如何忍耐，乖乖待在車裡，也許會有幫助。在你的幼子很難戒尿布時，記得每個人最後一定會學會用廁所，或許也有幫助——沒有哪個國中生還包尿布上學的！我因為我的小孩做或不做哪些事情而感到焦慮的次數，已經多到我說不出，但過了幾個月才發現，那些特定的問題已經過去了。

我們的文化告訴你每件事情都必須照著特定的時間表進行，但若把眼光放長遠來看，就能夠緩和因此造成的焦慮。倘若你擺脫這個專制的時間表，你內在的廣闊空間將一波波地釋放，並回過頭來給孩子正面的回應。然而，這樣的文化在人生的每個轉折中，都強迫要求對成功的比較與期望，所以這件事知易行難。

成就與成功的競賽很早就開始了。從學著坐起來、爬行、走路、說話，頭兩年就是由幼兒的發展里程碑（developmental milestones）定義的。對於要當最大、最快、最聰明和最好的這種文化競賽，我們也許不會有意識地認同，但如果你的小孩到一歲四個月還不會走路，或到兩歲（也許更晚）都還不會說話，要避免陷入「有什麼事情不對勁」這種暗中危害的想法，是很困難的；然後隱藏著更多危險的焦慮就會隨之而來。相反地，當孩子七個月就會爬，未滿週歲就開口說話時，也很難不竊自認為這些發展有相當的重要性，以為這代表著你的小孩比同年齡的其他孩子來得聰明。

事實上，這些里程碑和智商一點關聯性都沒有。但當我們相信這種說法時，就很容易掉入焦慮的陷阱中。從睡過夜、斷奶、說話、讀字和學游泳，我們都倉促地趕進度，有時會迫使我們的孩子，在他們尚未準備好時，就去學習與競爭。以孩子為主的教養方式（child-led parenting style），代表觀察與傾聽孩子的線索，同時也敏感地和你為人父母的需求相連結，讓小孩得以盡可能自己決定大部分的事情開始的時機。再強調一次，當你能夠踏出文化對「正常」的期待，並取而代之地聆聽、相信小孩自己的節奏，就能緩解你的焦慮。

每次我說到時間表和小孩的節奏，總會想到我大兒子學游泳的事。在他四到六歲時，我每年夏天都帶他去上游泳課，但他通常只撐得過一節課，然後就會看著我說：「媽咪，我跟妳說過我要自己學游泳。」即便如此，我還是堅持帶他去上，他也一樣繼續抵抗，堅持他要自己學。果然，在他九歲那年夏天第一次認真進泳池時，他潛到水裡又浮出來，臉上帶著雀躍的笑容，接著繼續優美地游過泳池。「媽！我就跟妳說過了！」對我們來說，那是興高采烈的一天。

其他諸如此類的事，像是鄰居的「好意」，我永遠都會記得。他看到我七歲大的兒子騎著裝有輔助輪的腳踏車，就問：「他還不會騎雙輪車嗎？」鄰居的孩子們小他幾歲，但已經騎腳踏車好幾年了。我甚至連大兒子幾歲學會騎腳踏車都想不起來，但我可以確定的是，那個喜悅的一刻，是取決於他已經準備好了。一個孩子在四歲、七歲或九歲才學會騎腳踏車，到底有什麼重要的呢？

斷奶，游泳，騎單車，學會閱讀都是。有什麼好急的？為什麼我們的文化傳遞的想法，是凡事都越早越好？況且，這種競賽的強度與壓力似乎都越來越高。在我小時候，小朋友到八、九歲了才學會游泳或騎腳踏車，是很稀鬆平常的事，而且沒有任何社會偏見或壓力。但現在，如果你的孩子到幼稚園畢業還不會閱讀、游泳或騎腳踏車，你們就都有被說三道四的危險。為了我們自己、也為了孩子們，該是時候再次讓步調慢下來了。倘若我們讓每件事都緩緩，焦慮就能喘一口氣，我們也更能夠回到自己的智慧與清明所在的內心。每次我們在練習跨出社會的期待，並且相信自己時，我們不只是減輕一點焦慮而已，也是在為我們的孩子樹立自我信任的榜樣，這是我們能給他們最好的禮物。

協助有焦慮症的孩子

對於如何處理焦慮，大部分關於兒童焦慮症的書籍（現在有很多，因為童少年焦慮有增加的趨勢）的焦點都著重於認知行為療法（CBT）。雖然我會使用，也教授一些認知行為療法的工具，但我同時也採取另一種不同的方法，以期從最一開始就減輕兒童的焦慮，並在焦慮真的出現時，幫助父母了解與滿足核心需求——就像我對成人患者使用的療法一樣。如果我們使用藥物去治療焦慮，就會錯失訊息。這些賴以維生的工具固然重要，但它無法從根源面對焦慮。你必須再深入一點，也就是協助孩子感受他們自己的感覺，並且確保他們知道，自己完全是以原本的樣子被深深愛著的。

教導小孩感受他們的感覺

父母的主要角色之一，就是教小孩如何將他們的內心放軟，允許自己去感受那些不舒服的感覺。在我的孩子更小一點的時候，我覺得這個任務讓我完全無法招架，希望能有長輩幫我教小孩，教他們如何妥善處理他們的感受性，並把這些重大的感覺引導到創意與靈性的大道，而不是允許它們轉變成焦慮。我在缺乏指導，以及不斷嘗試與犯錯的情況下，最後還是發展出下列的守則來協助孩子們，讓他們身為活在一個廣闊世界中的小小孩，得以在煩擾又往往令人懼怕的感覺（通常是繞著死亡盤桓的恐懼）中找到方向。

協助孩子們，為他們的感覺找到方向的守則

每當你看到孩子的痛苦正在引發焦慮時，請提醒他實踐施受法這個簡單的練習，將痛苦吸入，並吐出充滿愛的祈禱。例如當孩子聽到難過的消息，而你看見他在揉眼睛，或是試圖用某種方式阻止、掌控這份失落感時，告訴他：「在感覺到失去的時候，你能做什麼？」只要有足夠的提醒，你的孩子就能將這個練習內化，養成朝痛苦前進的習慣，而不是去逃避它。而我所謂「足夠的提醒」，指的就是無數次。就像大人一樣，要穿越痛苦與處理焦慮，是沒有捷徑的。

每天晚上都花一點時間，和你的孩子談談那天有什麼他覺得難過的事？在我兒子還小的時候，我會在床上把他抱著，讓他傾吐一整天想說的話，其中還常常包括他可能在幾年前聽過我們對話的片段。我大兒子在大約七歲的時候所說的內容約略是這些：

- 在我們去科學博物館的路上，我在路邊看到的那隻浣熊。
- 人會死。
- 有時候小寶寶還在媽媽肚子裡的時候就死了。
- 幾年前，我聽到鄰居告訴妳一個女孩淹死了。
- 妳跟爸爸有一天都會死。

在你的小孩分享他的恐懼時，輕輕地將你的手放在他心窩，要求他把呼吸專注在痛苦上。你可以這樣告訴他：「世界上有很多痛苦，但也有很多美好。身為你的父母，我的一項責任就是告訴你，你能夠處理痛苦，因為你就是有這個能力。痛苦是一種能量，要去感覺它會很受傷，但若不去感覺它，會傷得更重。當你哭泣的時候，痛苦就會穿越你，讓你洗淨你的靈魂。所以，讓我們把呼吸專注在痛苦上，然後為那隻浣熊，還有那淹死的女孩的雙親祈禱。」接著聊聊那天所有開心的事，例如下列的：

- 我被艾席爾逗笑的時候。
- 因為艾席爾的腳趾痛，所以我幫忙照顧他。
- 樹很漂亮。
- 滿月很漂亮
- 把莓果丟進小溪裡，然後順流接住。
- 有蜜蜂。（因為他很喜歡蜜蜂。）

從前半部的內容，你就能觀察到一個小孩大部分的恐懼，最終都是由對死亡的恐懼所激起，這在感受性高的小孩身上十分常見。在我兒子對我有一天會死而表達恐懼與悲傷時，我告訴他：「埃弗瑞斯，等到我要走的時候，你會沒事的。我很可能還會活很久，那時候你就長大成人，也會有這世界上你最愛的伴侶和小孩。現在比起任何事情，你最愛的是我、爸爸和艾席爾，你很難想像這會改變，但這是會改變的。有一天你會很愛很愛一個人，想要跟那個人結婚，就像爸爸想跟我結婚一樣；你也會和那個人生小孩。等到我死了，你哭泣的時候，會有你的另一半擁抱著你。你也許會哭好幾個禮拜，可能會斷斷續續地悲傷一整年甚至更久，但你會沒事的。」我不想讓他有錯誤的期待，覺得我能活到很老，但我確實想讓他知道，在我離開的時候，他能夠找到幫助他勇敢面對的撫慰與資源。

鼓勵你的孩子找到他們自己處理焦慮的方法。大兒子約莫八歲那年，在某個晚上試著入睡時說：「媽咪，我想為艾席爾找到的死蛾禱告。」他接著輕輕說出我所聽過最美麗、最衷心的祈禱。那樣的純潔，彷彿從天使口中輕聲訴說的詩句。接著，他想要為新鄰居最近在翻修房子的時候，發現的老鼠禱告；牠們死在牆壁裡面，已經開始腐爛。當他再次允許這些字句自發地從他的心裡被帶到嘴邊、就像是一盞一盞的小燈時，他的整個存在切換至更高的頻率。結束後，他臉上掛著滿滿的微笑，而且在過去的幾個月來，那是他最快睡著的一晚。

建立儀式感，去承認並接受在春分、秋分、夏至、冬至時的失去及重生。用這些在日曆上的傳統日子來練習放手，你可以進行像這樣的儀式，把你希望放手的事物寫在樹葉上，然後把它們丟進溪流或隨風飄走。即使是簡單的儀式，也能幫助你納入並平撫對失去的恐懼。

盡可能地大笑、跳舞、逗樂、擁抱，玩耍與笑聲是焦慮的解藥。

我分享這些方法和守則，但實際上在養育小孩的時候，我們不會確切知道哪些有用、哪些沒有。我只能告訴你，我的大兒子長成青少年的時候，完全不害怕死亡——我說的是一點都不畏懼。其實在他十四歲生日的幾天後，就獨自飛滑翔翼，真的自己一個人飛入天空。那個曾經什麼都怕的小孩，成長為一個幾乎無所畏懼的年輕人。現在似乎已經很難想像他小時候的樣子，但當我想到時，還是會覺得很驚奇。這就是我所謂的把眼光放長遠來看。我們就是不知道自己的孩子會如何長大、成熟，但若我們可以充滿信心，想像未來在我們慈愛的照顧之下，他們會藉由他們的某些焦慮成長——然後放下的話，我們自己因擔心他們的安樂而產生的焦慮，大部分都得以解除。

完整地被愛

也許面對焦慮最強力的疫苗，是了解自己確實是完整地被愛的。因為生活在這樣的文化中，我們也許無法完全避免孩子們的焦慮，但有個方法能夠減輕，就是每天都傳遞愛的訊息。這就是你的自省和內在功課的著力點，因為若你越能察覺自己的引爆點，面對孩子們不太討喜但卻十分正常的行為，你就越不容易反應過度。

舉例而言，若你本身對價值感和成就有懸而未決的問題，就會繼續這種固有的想法，認為你為人父母的工作，就是去影響並形塑孩子的行為，讓小孩變成社會中成就輝煌的菁英分子。家長們受到這樣的激勵，遵循著「幹得好」的文化建議，讚賞行為而不是本質，重視結果更甚努力，追求星星和成績，卻不是熱忱。如果媽媽在小孩畫出一顆「完美」的樹之後眼睛一亮，但在他努力打好籃球時卻沒有這樣，孩子自然會將精神放在得到正面回饋的地方。換句話說，比起畫畫，他可能更喜歡打籃球，但媽咪好像很喜歡他畫的樹，他便因而投入一個不是自己熱情所在的領域。

這種現象的破壞力，會在重大感覺的領域中變得特別強。小孩如果乖乖的——也就是不吵、不哭、不生氣，聽話又幫忙，還有準時上床睡覺的時候，媽媽就會微笑。她訓練他成為一個乖孩子，但在這個過程中，卻又冒著可能會損害孩子最重要的本質（可能是活潑、吵鬧或敏感）的危險。他接收到的訊息是，自己只有乖乖（正常、守規矩、乖巧、不要太吵或弄得髒兮兮）的時候才會被愛。

作為人母，我最懇切的渴望之一就是讓我的兒子們知道，他們正因為是自己原本的樣子，所以可愛並被愛著，不管他們有多生氣、髒亂、吵鬧和沒禮貌。我想讓他們知道，他們要有什麼感覺都可以，而且每種感覺都很重要。我也許不是每次都喜歡他們的行為，也會讓他們知道我不喜歡；但這不會改變我對他們永恆不變的愛。我會跟他們說：「我不喜歡你今天對待你朋友的方式，但永遠沒有什麼事可以改變我有多愛你。」我希望傳達的訊息是：我愛你不需要什麼原因。我不是因為你們美好才愛你們（雖然你們的確很美好），也不是因為你們很有創意（雖然我的確察覺到你們的創意而有所回應）。我就是因為愛你，所以愛你；不管你怎麼樣，這永遠都不會改變。

24 透過慈愛的雙眼看著你自己

教養小孩最大的挑戰之一，在於我們會無可避免地將自身尚未療癒之處，傳遞給我們的孩子；而我們都有尚未療癒的地方，因為我們都是人。要是我們本來就應該撫養出完全健全的人的話，事情就不會是現在這樣了。所以，如果我們為了把小孩的事搞砸而感到焦慮，那麼相信這原本就是人生計畫的一部分，會對我們有幫助。以某種我們無法理解的層面來看，無論是用哪種方式，教養小孩我們一定會一團混亂。如果我們記得這一點，就能舒緩一層焦慮。這不是我們允許自己馬虎行事，但如果正在讀這本書的你是為人父母者，你比較會是強迫自己當個好爸媽的類型，而不是偷懶的那種。

所以在接近本書的尾聲，我們要進行的是另一個愛自己的練習，因為我們越愛自己，就越能自然而然沒有壓力地去愛我們的小孩。這是一個幫助你連結到自身本質的練習。

閉上眼睛，想像世界上最慈愛的人坐在你身邊。也許是你還在世或已亡故的祖母，她一看到你就很愉快，她的笑容映出她無條件的愛；也或許是一隻跟你很親的動物，牠對你的愛就只是因為你存在；又或許是完全了解你的朋友或伴侶，不用多費功夫就能看出對方為什麼愛你。可以是確有其人，也可以是虛擬對象，但他們共鳴的能量都是純粹的愛，以及無條件的接受。

現在想像這個人正注視著你的雙眼，能夠直接看透你的心靈。對方想告訴你他們看見的東西：能夠描述你的特質，組成你的存在的各個部分，還有以本質上來說，你到底是誰？這些描述可能可以，也可能無法言喻，但透過這樣的溝通，你會接收到一個直接的訊息，告訴你你是誰；以及一個清楚的覺知：你被愛是因為你存在，你不需要任何東西來證明就值得被愛；你很好，很剛剛好，也已經夠好。你由內而外都完整地被愛。

後記

這是一條道路的開端，它的終點既是完全未知，也是全然已知的。

——瑪麗恩・伍德曼《骨頭：死與新生》（*Bone: Dying into life*）

當我在治療為焦慮所苦的患者時，他們經常會問：「焦慮什麼時候會結束？」我會說：「那就好像在問我因為脫水而引發的頭痛什麼時候會結束一樣。」正如同頭痛提醒我們缺水一樣，焦慮提醒的是需求。倘若去除了症狀，那麼要如何辨認需求？就如同你在這整本書中知曉的，焦慮是來自潛意識的訊息。它邀請你傾聽身體，有技巧地關照想法，溫柔地接觸內心並灌溉靈魂。

當你的心態，從把焦慮當作問題，轉變成將其視為一份禮物的時候，一切都會改變。到時候，也只有在那個時候，你才能開始運用它的智慧，反而才能從它的箝制中解脫。如果我們有效地處理焦慮，它將從敵人變成朋友，放開它緊抓著你生活的手，並成為通往自由的大門。

里爾克說：「對你內心懸而未決的一切抱持耐心，並且去愛那些問題本身。」在你開始進行內在功課時，請記得人生是未完成的作品，而療癒沒有終極目標；這非常重要。身為人類，我們既是完整、也是破碎的；我們已經成形，卻也同時尚未成形。然而，在擁有需要關照的損壞零件，跟相信你根本就有毛病這兩件事之間，存在著關鍵的差異。你一點問題都沒有。你生來就是善良、完整且被愛的。我們會處處提防，也有很多創傷，這些都是身為人類的標記。但我們所擁有的健全和正直，還要多得更多。你的完整性藏在警戒心和心痛的高牆及傷口後面，完全沒有被觸碰過。

你曾需要這些牆，來撐過孩提時代的痛苦；甚至是吸收了你親愛的雙親那些未經處理就傳下來的傷痛，但現在你已經不再需要它們了。身為成人的療癒工作，就是用無盡的愛，溫柔並細心地去軟化這些牆，直到它們崩塌倒下，直到真正的自己那片純淨無瑕的花園展現出來。

就像迷宮一樣，你循著焦慮的症狀，迂迴地來到你自我的中心點，接著盤旋回到真實的世界後，再次進入自我的中心點。在來來去去、付出與接受、吸入與呼出之間，將內心之井的水填滿，直到井水能夠滿溢到這個世界，並且在你繼續內在療癒路程的同時，去接觸這個世界的心。這就是我們之於這個世界的存在意義，是滿足，而不是空虛；是喜悅，而不是「必須」。

我們的內心越是開放、越是柔軟，就越能讓強化過的保護與防禦外殼消逝。我們帶著一顆毫無防備的心，直接觸及這個世界的痛苦；如此迫使我們去行動、去付出，去奉獻。

這就是焦慮的禮物：它是轉向內在的召喚，要你填滿自己的井水，再回到外在世界來，為這個需要你的世界付出。現在正是時候。

致謝

對下列的一切，我由衷感激：

我在榮格深層心理學領域的老師們：羅伯特・強森、瑪麗恩・伍德曼、喬瑟夫・坎伯，當然，還得感謝卡爾・榮格。我是這棵大樹上的一小段枝葉，沒有他們的教誨，就不會有這本書。我也承蒙佩瑪・丘卓的佛家教導，她是我這幾十年來的指引。

我對榮格分析師羅伯特・強森特別感恩，他在二〇一五年四月出現在我的夢中，告訴我該是時候再寫一本書了。這些書頁的字裡行間交織著他的言語和智慧。

還有我的患者、讀者和課程學員們，他們勇敢地允許我進入他們的內在世界，在那裡，我們一起穿越焦慮的領地，學會聆聽它的智慧。你們是我真正的導師。

我很幸運，被一群聰慧悲憫的姐妹們包圍——凱莉・迪諾、潔西卡・希克斯、麗莎・鄧恩、麗莎・拉帕波特、凱莉恩・納美爾、妮可・佩特以及莎拉・佩爾茲；倘若沒有妳們，我就不會成為今天的自己。

在我二十幾歲那些年頭指引我的布魯斯・格雷戈里醫師，以及我一輩子的人生導師：猶太教祭司得撒・費爾史東。

我的雙親，瑪格麗特與喬丹，他們在我年幼時，讓我了解學習的熱忱，種下了我對心理學抱持興趣的種子。從許多方面來說，我都跟隨著你們的腳步；我對你們身為模範，以及教給我的每一件事，深深地感激。

Sounds True 出版社的哈文・艾佛森。謝謝你的遠見與支持，幫助我將初稿中風格迥異的散文段落，交織凝結成本書。

我的兒子們，艾席爾和埃弗瑞斯，你們是閃耀光芒般的存在，教會我如何撫養高敏感兒童。能夠作為你們的母親，這份恩典是無可言喻的禮物。

我的丈夫，戴夫・芬恩，你是我們美好的生活所倚賴的基石，是我的避風港，讓我能夠赤裸裸地做最真實的自己；是你每天都教我，什麼是真情與真愛。你對我來說，就像沙姆斯對魯米[13]一樣，把摯友的每一層意義都發揮得淋漓盡致。

13 譯注：魯米是十三世紀的宗教學者、傳道教士導師，也是伊斯蘭蘇菲教派的領袖。他生活於今日的阿富汗、波斯與土耳其等地區，一生寫下大量的詩歌與散文，最著名的作品《瑪斯納維》為長達六冊的敘事詩，被譽為史上最偉大的靈性著作。一二四四年，魯米遇見了一位來自塔布瑞茲、四處流浪的神祕苦行僧沙姆斯（Shams-i

謝謝潛意識之謎，也就是蓋瑞・祖卡夫（Gary Zukav）所稱的心靈（Soul），以及卡爾・榮格所謂的自性。我謙卑地臣服於這個恆久不變的守則，它一次又一次地將我拖進自己的地下世界中，和黑暗及光明的天使搏鬥，我才能退除對我不再有益的習慣、信念、心態與行動，並藉此幫助他人達成同樣的成就。

Tabrizi），魯米認為此人是神靈形象的完美化身，讓魯米開始將莊嚴美好的出世思想化為動人詩篇。由於這段經歷，魯米的靈性世界產生了巨大的改變。沙姆斯啟發魯米，帶領他走向神祕經驗的巔峰。有兩年的時間，他們倆形影不離，但沙姆斯突然不告而別，此後再也沒有回來。魯米在許多詩篇中提到他對沙姆斯的愛，以沙姆斯的形象來比喻神的形象，與沙姆斯分離的痛苦則代表與神分離的痛苦，以及與神合一的渴望。

〈附件A〉

感情關係的危險訊號

所有我對於關係焦慮的研究，前提都是假定你現有的感情關係是健康、充滿愛情，並且沒有危險訊號的。所謂的危險訊號包括：

- 目前的關係中存在情緒、身體或性方面的虐待。
- 有任何成癮行為，包括酒精、藥物、賭博、性行為，在某些情況下，工作和媒體使用也囊括在內。
- 在信任與背叛上，有尚未療癒的問題。
- 有「控制」的嚴重問題——請記得每個人都會有控制欲，但我在這裡所說的，是深層的控制問題，指的是其中一方出於對方對控制的需求，而持續有被拘束或是危險的感覺。
- 對於核心價值有水火不容的差異，例如不同宗教或生不生小孩——例如你們其中一個人非有孩子不可，但另一個人卻絕對不想要小孩。

我必須在這裡說（因為我已經從事諮詢很多年，感覺得出來這裡似乎有焦慮要冒出頭），雙方存在差異並不算是危險訊號！每個人都不一樣，很多夫妻連想要如何打發時間的方式都天差地遠。你並不是注定好要和自己的複製人在一起。差異是可以預期的，甚至應該受到重視。我所謂的核心差異，是指除非其中一方犧牲自己深信的某種價值觀，否則就完全無法妥協的那種鴻溝。

如果你在自己的感情中發現上述的任何問題，我鼓勵你們一起尋求諮詢，或再加上十二步驟[14]的協助。我也敢說，若雙方都對療癒深入投入，則幾乎所有的關係危機都能癒合。

14　譯注：十二步驟（twelve-step programs）最初由美國匿名戒酒會採用，強調身心靈的成長，利用溫和的步驟，幫助酗酒成癮者循序漸進戒除酒癮。之後也被推廣到戒除各種成癮的治療方法上。

〔附件B〕

兩種書寫日誌的方式

以下是兩種日記方式的基本原則。這些指導方針源自於我輔導患者或課程學員的時候，他們有時為了要用「正確」的方式寫日誌，而感到十分苦惱，或是害怕當他們動手之後，會發生什麼事？當我們開始進行一種新的練習，目的在於挖掘出我們內在世界的隱藏內容時，焦慮會浮現是理所當然的；若我們握有一些簡單的指導原則，就能夠減輕一些這類的焦慮。

而且，如果廣泛性的恐懼出現並告訴你：「我很怕在我開始寫日誌之後，會發現什麼東西。」請記得從幾千個我協助走過此過程的患者中，我所看到的都是一樣的：浮現的是越來越清晰、平靜，安詳，當然也更有愛。這是一個簡單的等式（越少恐懼，就等於越多愛），倘若你每天都投入一個像寫日誌這樣認真的練習，就能克制並降低自身的恐懼，並容許你對自己與對他人的愛如百花盛開。

開放性日記

開放性日記的基本守則：

- 在你開始之前，提醒自己寫日記沒有什麼「正確」的方式。把你的目標設定在探索與學習，並且保持開放，對你自己的內在世界好奇。和自己說話，語氣可以仿照你希望父母和你交談的方式。花點時間了解自己，關鍵在於好奇心。試著不要評斷，但如果評斷出現了，請對它也抱持著好奇心。
- 提醒自己日記只是寫給自己看的，不用多完美、整齊、文采洋溢、風趣或有正確的文法。沒有人會看到，這不是要出版的，也不會拿來打分數用；這是只為你自己寫的。盡可能寫得亂七八糟，錯字連篇也沒關係，全都傾吐出來。不用檢查也別去修改，只要表達就好。
- 問一些開放式的問題，並相信你的答案。試著別想太多，在你過度思考答案之前就先寫下來；不要讓手停下也是一種方式。
- 如果你害怕開始寫日記之後可能會知道或發現什麼，請記得你並不孤單。潛入未知的水體中需要勇氣，若你之前沒寫過日記，可能又格外覺得嚇人。你也許會感覺到抗拒；如果真是這樣，我建議你就從寫下恐懼和抗拒開始。記得，我們內在的一切都想要被看見與聽見。當你把注意力放在恐懼及抗拒上時，你將感覺到它的轉變。

- 若你擔心自己的日記被別人看到，可以考慮用電腦寫，完成後馬上把檔案刪掉。比起有個空間能讓你傾瀉與檢視內在世界的內容，日誌的實體紀錄本身反而沒有那麼重要。
- 如果你不喜歡寫東西，你也可以對著一台錄音機「說日記」，不然就在淋浴或開車時大聲說出來。重要的不是日誌的形式，而是你花時間去傾吐在你內心翻騰的一切。
- 倘若你覺得對自己的想法和感覺招架不住的話（在這種開放性或以意識流[15]手法寫作的日記都可能會發生），可以換成我之後要說明的引導式日記的技巧。

可以用來寫開放性日記的問題：

- 我喜歡什麼？
- 帶給我喜悅的是什麼？

15 譯注：意識流（stream of consciousness）原為心理學詞彙，泛指人類的心靈活動與意識的流動特性，包含意識及潛意識在內的所有意識內容不斷地變化，不受時間與空間限制。「意識流」一詞於二十世紀初引進文學界，用以指稱注重描繪人物意識流動狀態的作品。

- 我喜歡花時間和誰在一起？
- 我覺得自己和母親、父親或手足之間的關係如何？
- 我想過怎樣的生活？
- 我最早的記憶是什麼？
- 我最痛苦的回憶是什麼？
- 我的父母或照顧者，是如何回應我的痛苦的？
- 我內化了哪些和痛苦相關的想法？
- 我最快樂的回憶是什麼？
- 世界上我最愛的地方是哪裡？
- 我重視的價值為何？
- 我最喜歡的食物是什麼？
- 我對自己的身體感覺如何？
- 我有沒有給自己時間停下腳步？
- 我對停下腳步的想法是什麼？

很多人喜歡以感恩列表作為他們筆記的結尾，特別是覺得自己身在痛苦中的時候。重點不在於驅散你的痛苦，而是能夠同時懷抱痛苦與感恩，這代表著感覺到痛苦，卻也同時朝向感恩前行。

引導式日記：與自己的不同部分對話

當焦慮浮現時，對話是一個能夠處理焦慮的簡單日記技巧，也是我用來與患者合作和自我治療的工具。這種寫日誌的方式，是讓你開啟一個與各個部分的自己之間的對話，並學習抱持著慈悲良善去接近他們。它和意識流日記一樣，能夠寫成紙本，或是大聲說出來，也適用前述所有的守則。

有些人對開放性日記得心應手，但卻有些人在將自己沉浸在意識流中，沒有任何理性的部分（也就是左腦，或是內在家長）來調節這道山洪時，會感覺被淹沒。在人腦的語言中，當你用身體書寫，並且花時間在感覺的領域中時，所活動到的是你的右腦，也就是生活在原始的情緒、影像、譬喻和自傳式記憶[16]的世界中的那一部分。那是個美麗的世界，但如果你在其中耗

16 譯注：自傳式記憶（autobiographical memory）指的是與個人相關的過去經驗或事件的記憶，屬於情節式記憶（episodic memory），同時也夾雜了事實性的語意記憶（semantic memory），但包含更多自我經驗的涉入。自

費太多時間，就會覺得被淹沒，特別是焦慮的時候；在這種情況下寫日記可能適得其反。

在我們深入討論技巧之前，對你自己的各個部分（那些無時無刻活在你內心的不同性格）有概括的總覽，是很重要的。在不同的情況下，我們每個人都有許多不同的部分會探出頭來。在你了解這些部分之後，可以開始為他們命名並建立一些區隔；接著你就能分辨它是不是需要你特別關注的部分。如果是的話，它需要的是哪一種關注？

位於正中央的，是核心的自性。這是最根源的你，是堅強、可靠、自信與貼心的你；是不在乎其他人怎麼想的你，對目的與方向擁有清晰的判斷力，也能夠讓自己的感覺與想法在體內流動，卻毫不對其依戀。這是你生來就完整的那一部分，毋需再去證明，你知道你正因為自己是原本的樣子，所以才有價值，也因此為人所愛。這是帶著你固有特質的那一部分（你的天分、興趣、熱情所在以及個性，例如友善或幽默），是獨立於外在事物（例如外貌或薪酬）的瞬間即逝本質的那個你。

你還有一個以依附於恐懼的自我。這個部分的你因為身為人類本質的無常而受折磨，傾向維持現狀、抗拒改變，相信這個世界和其他人都不安全；不計代價地全心投入，以保持自己得以控制他人與結果的幻覺。不管我們的童年時期多麼備受疼愛，每個人都有一個這樣的自我；這也是身為人類的一部分。最後，在我們的成長過程中，我們都發展出了不同的人格面具

（personas）。榮格認為，每個人的個性中都有不同的部分，就像生活於我們內在的不同角色或原型（archetype）一樣。我們越是讓這些角色見得光（也就是說將它們從潛意識帶到意識層面）就越能處理他們，對他們慈悲，並選擇要賦予他們多少力量。

上述常見的角色包括：

- 照顧者。
- 保護者。
- 善變者。
- 善妒者。
- 好女孩／好男孩。
- 壞女孩／壞男孩。

傳式記憶的回想可分成兩類，一類是實地取向，另一類是觀察者取向。實地取向意指我們經歷了「心理時間的旅行」，猶如穿越時光隧道回到事件發生的現場，不只記得事件內容，甚至能夠再現當時周圍的場景、感官及情緒的感受，宛如再次身歷其境。而觀察者取向指的是，雖然我們也可以回想出事件內容，當時的場景等，但是此時的我猶如觀察者，可以看到當時的我。既然是觀察者，擁有的感官及情緒感受相較更少；心理學研究發現，若採取這種觀察者取向的記憶，來回憶負向事件，有時可以避免不斷反芻，有機會產生新角度的思考。

- 評論者。
- 惡霸。
- 監督者。

這些角色很多都會重複，大部分是出自你童年時的痛苦處境，長成的適應與保護的那一部分。舉例而言，若你的成長情境，是每次你哭泣時都會被傷害或取笑的話，就會有一個保護者成長茁壯，抱著這樣的信念系統：「哭泣是不安全的，做自己是不安全的。為了撐下去，我必須關閉自己的某些部分。」

待我們開始接近自己這些順應而生的部分，而不是試著將它們推走或對其進行評斷之後，就會知道隱藏於其中的，是在那裡長期佇留、柔軟又脆弱的核心自性。偶爾，這些部分感覺起來也許如同內在的霸凌，像是不停批評你所做每一件事的評論者；但倘若你軟化自己去進入那個部分，甚至帶著慈愛接近它，它將開始崩毀，並失去主控權。每個惡霸心裡都住著一個嚇壞的小孩，內在的惡霸也是如此。寫日記能幫助你運用好奇心和慈悲，以學習的心態來應對這些不同的部分，藉此協助你拆除它們的引線。我們因為與傷痕累累的內在角色緊密連結而感到焦慮，但我們在書寫日誌時，自身冷靜的內在家長得以發展，可以幫助我們解除危險。

底下是我在一篇網誌文章〈最適合我的還是前任嗎?〉所寫的一個虛構對話的例子。我在文章中清楚釋疑，要從這類型的反芻思考或侵入性思維解脫的第一步，就是去說明到底發生了什麼事?這是很有力的開始，當你能抱著堅定的信念，不斷重述你所經歷到的，就能像施放強力的魔法，打破幻想的誘惑。艾克哈特．托勒（Eckhart Tolle）說過，自我靠著控制而蓬勃發展，然而實際上自我依賴的，是控制的幻影。一旦你辨認出自我的戰術，它就會開始失去力量。

自我：「你又來了，又在想你的前任，你們兩個根本是絕配。而且你一個禮拜至少會夢到他（或她）一次。那一定代表你注定要跟他（或她）在一起。」

自性：「我知道感覺起來雖然是這樣，但這不一定是真的。這是我心智的幻覺，是你讓我從此時此地分心的方式，想讓我避開對現任互相扶持的伴侶敞開心胸的危險。我再也不要沉浸在這些想法中了。」

自我：「屁啦，承認吧，你還愛他。你對現任另一半的感覺，永遠都不可能像前任一樣激情。你為什麼要一直跟我說這些可笑的台詞?」

自性：「你才是引人說出那些台詞的人。放不了手的人是你，是你正試圖說服我，要讓我相信我不是真的愛我的伴侶。我知道你很怕，知道你不想讓我有變得脆弱的可能。我知道在我想起前任的時候，感覺比較安全，我讓自己隱居在自己的心智中，那個相同熟悉的空間。但我再也不會那麼做了，我反而想知道，你在害怕什麼？」

自我：「我說過我沒在害怕！我說的是實話，如果你選擇不聽，就得屈就於配不上你的伴侶。」

自性：「你聽起來非常有說服力，但每次聽你的話，都會讓我覺得焦慮和困惑。聽你聊我前任的事，對我沒有好處。不過，如果你想告訴我你在怕什麼，我會很樂於傾聽。」

恐懼：「我害怕我會受傷，害怕我不夠好。我怕的是一旦我的伴侶真正了解我，他就會離開我。我害怕變得脆弱，怕對他敞開心胸。我很怕自己沒有築牆，就讓他真正深入我的內心。我很怕、很怕、很怕，真的很怕。」

自性：「謝謝。我可以理解，再多說一點吧。」

辨識你自己各個不同的部分，並允許他們發聲，具有不可思議的療癒能力。在你進行對話時，就是在訓練你的心智，去接近你通常習慣隱藏或否認的那些部分。你能藉此學會掌握你的想法和感覺，而不是讓它們控制你的生活，把它們當成你的決策過程的依據。你為所有的想法和感覺騰出空間，接受它們，並連結到你內心更深層的事物——也就是想法和感覺底下的那個空間，是你的內在家長，是你自身的慧心。你越是能擺脫這些故事，好好守住自性的位置，焦慮就越無法控制你的人生。對無數的人來說，書寫筆記，尤其若能每天寫，更是通往內在自由的途徑。

深入閱讀

雪瑞兒的線上課程

"Trust Yourself: A 30-Day Program to Help You Overcome Your Fear of Failure, Caring What Others Think, Perfectionism, Difficulty Making Decisions, and Self-Doubt" to deepen your work around learning to trust and love yourself: conscious-transitions.com /trust-yourself-a-30-day-program-to-help-you-overcome-your- fear-of-failure-caring-what-others-think-perfectionism-difficulty- making-decisions-and-self-doubt/.

"Break Free from Relationship Anxiety E-Course" if you're struggling with relationship anxiety: conscious-transitions.com /break-free-from-relationship-anxiety-e-course/.

"Grace Through Uncertainty: A 30-Day Course to Become More Comfortable with the Fear of Loss by Falling in Love with Life" to become more comfortable with uncertainty: conscious-transitions

.com/grace-through-uncertainty-a-30-day-course-to-become-more-comfortable-with-the-fear-of-loss-by-falling-in-love-with-life/.

To see all of my courses, visit conscious-transitions.com/courses.

書籍

Aron, Elaine. *The Highly Sensitive Person: How to Thrive When the World Overwhelms You*. New York: Three Rivers Press, 1999.

Bloom, Linda, and Charlie Bloom. *101 Things I Wish I Knew When*

York: Henry Holt, 2008.

Nepo, Mark. *The Book of Awakening: Having the Life You Want by Being Present in the Life You Have*. Newburyport, MA: Conari Press, 2011.

Reznick, Charlotte. *The Power of Your Child's Imagination: How to Transform Stress and Anxiety into Joy and Success*. New York: Penguin, 2009.

Richo, David. *When Love Meets Fear: Becoming Defense-less and Resource-full*. New York: Paulist Press, 1997.

Saltz, Gail. *The Power of Different: The Link Between Disorder and Genius*. New York: Flatiron Books, 2018.

Siegel, Daniel. *Mindsight: The New Science of Personal Transformation*. New York: Bantam Books, 2011.

Taylor, Jeremy. *The Wisdom of Your Dreams: Using Dreams to Tap into Your Unconscious and Transform Your Life*. New York: Jeremy P. Tarcher/ Penguin, 2009.

Weil, Andrew. *Natural Health, Natural Medicine: The Complete Guide to Wellness and Self-Care for Optimum Health*. Boston: Houghton Mifflin, 2004.

有聲書

Chödrön, Pema. *When Things Fall Apart*. New York: Random House Audio, 2017.

Steindl-Rast, David. *A Grateful Heart*. Boulder, CO: Sounds True, 1992.

Woodman, Marion. *Sitting by the Well*. Corralitos, CA: Marion Woodman Foundation, 2007.

For more resources, please see "Books That Have Changed My Life" on my website: conscious-transitions.com/books-that-have- changed-my-life/.

I Got Married: Simple Lessons to Make Love Last. Novato, CA: New World Library, 2010.

Bridges, William. *The Way of Transition: Embracing Life's Most Difficult Moments*. Cambridge, MA: Perseus Books, 2001. (I loved this one more than the original.)

Bridges, William. *Transitions: Making Sense of Life's Changes,* 2nd ed. Cambridge, MA: Da Capo Press, 2004.

Cain, Susan. *Quiet: The Power of Introverts in a World that Can't Stop Talking*. New York: Random House, 2013.

Dweck, Carol. *Mindset: The New Psychology of Success*. New York: Random House, 2006.

Hollis, James. *The Middle Passage: From Misery to Meaning in Midlife*. Toronto: Inner City Books, 1993.

Johnson, Robert. *Inner Work: Using Dreams and Active Imagination for Personal Growth*. New York: HarperOne, 2009.

Johnson, Robert. *We: Understanding the Psychology of Romantic Love*. New York: Harper, 2013.

Kerrigan, Kate. *Recipes for a Perfect Marriage*. London: Macmillan, 2016.

Kidd, Sue Monk. *When the Heart Waits: Spiritual Direction for Life's Sacred Questions*. San Francisco: HarperSanFrancisco, 2006.

Kornfield, Jack. *A Lamp in the Darkness: Illuminating the Path Through Difficult Times*. Boulder, CO: Sounds True, 2014.

Lindbergh, Anne Morrow. *Gift from the Sea*. New York: Pantheon, 1955.

Mooney, Jonathan. *The Short Bus: A Journey Beyond Normal*. New

人生顧問 0395

焦慮是禮物

作　者—雪瑞兒・保羅 Sheryl Paul
譯　者—林幼嵐
主　編—林菁菁
企劃主任—葉蘭芳
封面設計—江孟達工作室
內頁設計—李宜芝

董 事 長—趙政岷
出 版 者—時報文化出版企業股份有限公司
108019 台北市和平西路三段 240 號 3 樓
發行專線—(02)2306-6842
讀者服務專線—0800-231-705・(02)2304-7103
讀者服務傳眞—(02)2304-6858
郵撥—19344724 時報文化出版公司
信箱—10899 臺北華江橋郵局第 99 信箱
時報悅讀網—http://www.readingtimes.com.tw
法律顧問—理律法律事務所 陳長文律師、李念祖律師
印　刷—勁達印刷股份有限公司
初版一刷—二〇二〇年五月二十二日
定　價—新臺幣三六〇元
（缺頁或破損的書，請寄回更換）

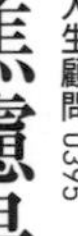

時報文化出版公司成立於一九七五年，
並於一九九九年股票上櫃公開發行，於二〇〇八年脫離中時集團非屬旺中，
以「尊重智慧與創意的文化事業」爲信念。

焦慮是禮物 / 雪瑞兒 . 保羅 (Sheryl Paul) 著 ; 林幼嵐譯 . -- 初版 . --
臺北市 : 時報文化 , 2020.05
面； 公分
譯自：The wisdom of anxiety : how worry & intrusive thoughts are gifts to help you heal

ISBN 978-957-13-8159-6(平裝)

1. 焦慮

176.527　　109004023

THE WISDOM OF ANXIETY by Sheryl Paul
THE WISDOM OF ANXIETY © 2019 Sheryl Paul
Complex Chinese language edition published in agreement with Sounds True, Inc. through The Artemis Agency.
Complex Chinese edition copyright © 2020 by China Times Publishing Company
All rights reserved.

ISBN 978-957-13-8159-6
Printed in Taiwan